インターナル・マーケティングの理論と展開

人的資源管理との接点を求めて

高橋昭夫 [著]

同友館

はしがき

　本書は、インターナル・マーケティング（IM）に関する実証的な研究書である。IM は重要な研究領域にもかかわらず、研究があまり進んでいない。同時代に生まれたリレーションシップ・マーケティングの研究と比較するとその差は歴然である。IM に関する論文集としては Varey and Lewis（2000）や IM のテキストとしては Ahmed and Rafiq（2002）などわずかである。さらに、欧米の研究でも IM に関する記述的研究はある程度存在するが、実証的研究は限られている（Gounaris 2008a）。日本でもタイトルに IM と記されている研究書は、木村（2007）のみのようである。

　日本の IM 研究においては、比較的初期の段階から、私は IM に関心を持っていた。飯嶋（2001）のサービス・マネジメントに関する1985年から1998年の文献サーベイによると、拙稿（1994）は、IM に関する研究としては、日本における最も古い研究の１つと位置づけられている。拙稿では、IM の理念を紹介するとともに、IM ミックスの問題点について次のように言及した。すなわち、「George and Grönroos（1991）では、IM 過程の構成要素として、①トップの支援、②教育訓練、③内部コミュニケーション活動、④労務管理、⑤対外的な活動の５つを挙げている。これは伝統的なマーケティングにおけるマーケティング・ミックスに該当する部分と理解することができる。しかしながら、いわゆるマーケティング・ミックスと比較すると、それら５つは領域、レベル、あるいは操作可能性などの点でかなり異なっている。したがって、それらをミックスすることについての疑問を否定することは困難であろう（p.193）」と。しかしながら、代替的な IM ミックスを提示できないまま、他テーマの研究に追われ、IM 研究から遠ざかっていた。

　再び IM 研究に取り組むようになったきっかけを与えてくださったのは、明治大学大学院グローバル・ビジネス研究科教授の近藤隆雄先生である。「文

部科学省・産学連携による実践型人材育成事業―サービス・イノベーション人材育成―」に、研究科が異なるにもかかわらず声をかけていただき、メンバーにいれてくださった。これにより多くの研究者の方々と交流する機会が与えられ、IM を本格的に研究しようという動機付けがなされた。このような貴重な機会を賜りましたことに、近藤先生をはじめ研究会メンバーの先生方に深く感謝申し上げる次第である。

この研究会から、IM は企業と従業員の間での認知レベルでの交換であるという仮説を持って、IM ミックスを提示するという課題に取り組むこととなった。そして、IM と人的資源管理の関係も明らかにしたいという希望も有して、IM 研究に臨むことになったのである。

さて、本書の構成は、以下のとおりである。

まず第 1 章では、サービス・マーケティング研究から生成した IM に関する先行研究の整理を行う。Voima (2000) の IM の分類図式を手掛かりとして、4 つに分類された IM の概念について検討を加える。次に第 2 章では、IM の実証研究を進めるための IM の定義、仮説、および基本モデルを提示する。続く第 3 章では、IM の基本モデルを検証するために、サービス業の接客担当者を対象としたデータを収集し、分析を行う。そして第 4 章では、営業担当者を対象としたデータを収集し、分析を行う。さらに、データを商品別ならびに役職別に分けて分析をする。第 5 章では、組織と市場の境界的な位置で活動をする接客担当者や営業担当者とは、対照的に、組織の中心部で職務を遂行する研究開発担当者を対象としたデータを収集し、分析を行う。その上で、接客担当者および営業担当者の分析結果との比較を行う。第 6 章では、小売業の販売担当者を対象としたデータを収集し、分析を行う。ここでは、IM の基本モデルに、組織コミットメントという構成概念を追加して、IM の小売モデルを構築する。その上で、雇用形態別、婚姻形態別、性別、それに年代別の分析を実施する。これを受けて第 7 章では、事例研究

としてA地方百貨店におけるIMの展開について検討を加える。最後に第8章では、全体のまとめをして、IMの2階層交換モデルを提示して、IMと人的資源管理の関係について整理をする。

　研究には、建設的批判、資金、それに時間が不可欠である。それらを与えてくださった方々にお礼申し上げたい。
　まず、本書の内容の一部は、以下の学会で報告を行った。コメントおよび質問をしていただいた先生方に感謝申し上げる。
・日本商品学会第61回全国大会「サービス・マネジメントにおけるインターナル・マーケティングについて：接客従業員を対象として」関東学院大学2010年
・日本経営診断学会第44回全国大会「インターナル・マーケティングの理論と診断：中間報告1」別府大学、2011年
・日本経営診断学会第45回全国大会「インターナル・マーケティングの理論と診断：中間報告2」北海道大学、2012年
・日本商品学会第64回全国大会「インターナル・マーケティングにおける市場細分化について：小売業の販売担当者を対象として」愛知学院大学、2013年

　また、次のような研究助成を受けた。記して御礼申し上げる。
・2007年度から2009年度　文部科学省・産学連携による実践型人材育成事業　サービスイノベーション人材育成　（委員長：明治大学大学院グローバル・ビジネス研究科教授　近藤隆雄氏）
・2010年度および2011年度　明大社会科学研究所・共同研究（共同研究者：明治大学商学部准教授　福田康典氏）
・2011年度および2012年度　日本経営診断学会・共同プロジェクト研究（共同研究者：明治大学商学部兼任講師　上原義子氏）

・2012年度および2013年度　明大社会科学研究所・共同研究（共同研究者：明治大学商学部教授　菊池一夫氏）
・2014年度より　JSPS 科研費　25380580

　そして、明治大学が与えてくれた短期の在外研究（2012年度前期）では、全体の構想を練るための時間を十分に取ることができた。その意味で、本書は、間接的ではあるが在外研究の成果の一部でもある。在外研究に送り出してくれた商学部のマーケティング・コースの先生方に感謝申し上げる。
　最後に、本書の出版を快諾いただきました同友館社長の脇坂康弘氏ならびに索引作成や校正などの作業を担当してくれた明治大学商学部兼任講師の上原義子氏と明治大学大学院商学研究科博士後期課程の劉亜氷氏にお礼を申し上げたい。

　　2014年3月

　　　　　　　　　　　　　　　　　　　　　　　　　　　　高橋　昭夫

目　次

はしがき ………………………………………………………………… i

第1章　インターナル・マーケティングの先行研究の整理 ………… 1
　第1節　序 ……………………………………………………………… 1
　第2節　インターナル・マーケティングの登場 …………………… 1
　第3節　IM 概念の分類と整理 ……………………………………… 5
　　第1項　IM ミックス …………………………………………… 6
　　第2項　行列的（processional）IM ………………………… 8
　　第3項　戦略的 IM ……………………………………………… 9
　　第4項　内部関係性管理（internal relationship management：IRM）…11
　第4節　IM の過程（因果関係、パス図） ……………………… 13
　　第1項　Berry の IM モデル ………………………………… 13
　　第2項　Grönroos の IM モデル …………………………… 15
　　第3項　Ahmed and Rafiq の IM のメタ・モデルとリサーチ・モデル … 16
　第5節　既存の IM の実証研究 …………………………………… 19
　　第1項　Gounaris（2008a 2008b）の研究 ………………… 20
　　第2項　Hartline and Ferrell（1996）の研究 ……………… 23
　第6節　結語 ………………………………………………………… 26

第2章　本研究における IM の基本モデル …………………… 29
　第1節　序 …………………………………………………………… 29
　第2節　本研究における IM の定義、仮説、および基本モデル ……… 29
　　第1項　本研究における IM の定義 ………………………… 29
　　第2項　構成概念、仮説群、および基本モデル …………… 30

第3節　IMにおける市場細分化……………………………………39
　　第1項　市場細分化の考え方……………………………………39
　　第2項　従業員志向を実践するための市場細分化………………40
　第4節　結語…………………………………………………………42

第3章　接客担当者向けインターナル・マーケティングの理論………43
　第1節　序……………………………………………………………43
　第2節　サービス研究の主要な概念モデルにおける
　　　　　接客担当者の役割と重要性……………………………………45
　　第1項　包括的モデル……………………………………………45
　　第2項　連鎖的モデル……………………………………………46
　第3節　調査方法……………………………………………………48
　　第1項　定義と仮説………………………………………………48
　　第2項　サンプルとデータ収集…………………………………49
　　第3項　構成概念の信頼性と相関関係…………………………50
　第4節　分析、結果、議論…………………………………………50
　　第1項　分析と結果………………………………………………50
　　第2項　議論………………………………………………………53
　第5節　効果分析……………………………………………………55
　第6節　結語…………………………………………………………57

第4章　営業担当者向けインターナル・マーケティングの理論………59
　第1節　序……………………………………………………………59
　第2節　販売員の成果決定因モデルとメタ分析の結果……………60
　　第1項　販売員の成果決定因モデル……………………………60
　　第2項　メタ分析の結果…………………………………………61

第3項　日本における営業の概念 …………………………………… 62
　第3節　調査方法 ……………………………………………………………… 64
　　　第1項　仮説 …………………………………………………………… 64
　　　第2項　サンプルとデータ収集 ……………………………………… 64
　　　第3項　構成概念と信頼性 …………………………………………… 65
　第4節　分析、結果、議論 …………………………………………………… 65
　　　第1項　分析と結果 …………………………………………………… 65
　　　第2項　議論 …………………………………………………………… 68
　第5節　効果分析 ……………………………………………………………… 69
　第6節　商品別分析 …………………………………………………………… 71
　　　第1項　商品別アプローチ …………………………………………… 71
　　　第2項　仮説検証 ……………………………………………………… 73
　　　第3項　効果分析 ……………………………………………………… 75
　第7節　役職別分析 …………………………………………………………… 76
　　　第1項　役職別分析 …………………………………………………… 76
　　　第2項　仮説検証 ……………………………………………………… 77
　　　第3項　効果分析 ……………………………………………………… 79
　第8節　結語 …………………………………………………………………… 81

第5章　研究開発担当者向けインターナル・マーケティングの理論 …… 83
　第1節　序 ……………………………………………………………………… 83
　第2節　研究開発部門のタスク　　　　　　　　　　　　　　　　　　 86
　第3節　調査方法 ……………………………………………………………… 87
　　　第1項　仮説 …………………………………………………………… 87
　　　第2項　サンプルとデータ収集 ……………………………………… 87
　　　第3項　構成概念の信頼性と相関関係 ……………………………… 89

第4節　分析、結果、議論 …………………………………………89
　　第1項　分析と結果 ………………………………………………89
　　第2項　議論 ………………………………………………………92
　第5節　効果分析 ……………………………………………………96
　第6節　結語 …………………………………………………………97

第6章　小売業における販売担当者向けインターナル・マーケティングの理論 …99
　第1節　序 ……………………………………………………………99
　第2節　組織コミットメントを含んだ先行研究 ………………101
　　第1項　Caruana and Calleya（1998）の研究 ………………101
　　第2項　Mukherjee and Malhotra（2006）の研究 …………102
　第3節　調査方法 …………………………………………………104
　　第1項　仮説と分析枠組み ……………………………………104
　　第2項　サンプルとデータ収集 ………………………………105
　　第3項　構成概念の信頼性と相関関係 ………………………106
　第4節　分析、結果、議論 ………………………………………107
　　第1項　分析と結果 ……………………………………………107
　　第2項　議論 ……………………………………………………109
　第5節　効果分析 …………………………………………………110
　第6節　雇用形態による細分化 …………………………………113
　　第1項　仮説検証 ………………………………………………114
　　第2項　雇用形態別によるIMミックスのあり方 ……………118
　　第3項　小括 ……………………………………………………122
　第7節　婚姻形態による細分化 …………………………………123
　　第1項　仮説検証 ………………………………………………123
　　第2項　婚姻形態別によるIMミックスのあり方 ……………126
　　第3項　小括 ……………………………………………………128

第 8 節　性別による細分化 …………………………………………… 129
　第 1 項　仮説検証 ……………………………………………………… 129
　第 2 項　性別による IM ミックスのあり方 ………………………… 132
　第 3 項　小括 …………………………………………………………… 133
第 9 節　年代による細分化 …………………………………………… 134
　第 1 項　仮説検証 ……………………………………………………… 134
　第 2 項　年代による IM ミックスのあり方 ………………………… 137
　第 3 項　小括 …………………………………………………………… 139
第10節　結語 …………………………………………………………… 139
　第 1 項　要約 …………………………………………………………… 139
　第 2 項　含意 …………………………………………………………… 142

第 7 章　インターナル・マーケティングの百貨店における展開 ………… 145
　第 1 節　序 ……………………………………………………………… 145
　第 2 節　小売業における百貨店という営業形態 …………………… 146
　第 3 節　調査方法 ……………………………………………………… 147
　　第 1 項　仮説 ………………………………………………………… 147
　　第 2 項　サンプルとデータ収集 …………………………………… 148
　　第 3 項　構成概念の信頼性と相関関係 …………………………… 148
　第 4 節　分析、結果、議論 …………………………………………… 149
　　第 1 項　分析と結果 ………………………………………………… 149
　　第 2 項　議論 ………………………………………………………… 150
　第 5 節　効果分析 ……………………………………………………… 153
　第 6 節　雇用形態による細分化 ……………………………………… 156
　　第 1 項　仮説検証 …………………………………………………… 156
　　第 2 項　雇用形態別による IM ミックスのあり方 ……………… 158

第7節　性別による細分化 ……………………………………… 161
第1項　仮説検証 …………………………………………… 161
第2項　性別によるIMミックスのあり方 ……………………… 161
第8節　結語 ……………………………………………………… 165

第8章　本研究のまとめとIMの2階層交換モデル …………… 167
第1節　本研究のまとめ ………………………………………… 167
第1項　IMの先行研究のまとめ ……………………………… 167
第2項　本研究におけるIMの基本モデル …………………… 169
第3項　接客・営業・研究開発・小売・百貨店への
####　　　　 IMの基本モデルの適用 …………………………… 171
第4項　市場細分化によるセグメント別の分析結果 ………… 172
第2節　IMの2階層交換モデル ………………………………… 175
第1項　IMの考え方に対する2つの批判 …………………… 175
第2項　IMの2階層交換モデル ……………………………… 177

引用文献 ……………………………………………………………… 181
索引 …………………………………………………………………… 191

第1章

インターナル・マーケティングの先行研究の整理

第1節 序

　本章の目的は、インターナル・マーケティング（internal marketing）・モデルを構築するための準備作業として、インターナル・マーケティング（以下IMと略称）研究の現状を把握することにある。そこで、まずIMが登場した背景について説明をする。次に、その適用範囲が拡張されてきたさまざまなIMの分類を概観する。そして、IMがどのような過程で展開されるかについて考察を加える。さらに、IMの実証研究を検討する。最後にまとめを行う。

第2節 インターナル・マーケティングの登場

　Berry et al.（1976）は、初めてIMの概念をサービス研究に導入し、次のように定義した。IMとは、当該組織の目的を満足させながら、不可欠な内部市場（従業員）のニーズを満たす内部製品（仕事）を利用可能にすることにかかわるものである（Berry, Hensel and Burke 1976, p.8）。サービス業において、従業員を顧客と、そして仕事を製品と見なして、マーケティングを行うことの重要性を説いている。

　サービス・マーケティングにおけるIMの必要性はサービスの特性の1つ

である生産と消費の同時性に起因すると考えられる。Rathmell（1974）は、この同時性を次のように説明している。すなわち「財は生産され、販売され、そして消費される。サービスは販売され、そして生産と消費が同時になされる。（中略）実際、**図表1－1**で示されているように、財の場合、売り手と買い手のインターフェイスとしてマーケティングが介在する。これに対してサービスでは、売り手と買い手の間にマーケティングと生産という2つの交互作用が存在することになる（p.6）」と。

Grönroos（1981, 1982, 1984, 1990）は、Rathmell（1974）の概念図に2つの異なるマーケティングの領域を設定した（図表1－2）。1つは伝統的マーケティングであり、もう1つはインタラクティブ・マーケティング（interactive marketing）である。インタラクティブ・マーケティングの機能は、購入と消費の過程に関する買い手と売り手の相互作用を管理することである（Grönroos 1980）。「それ（インタラクティブ・マーケティング）は、本質的に、伝統的マーケティング機能とは異なる。というのは、それが通常、マーケティング資源と見なされ管理される資源ではなく、コストを発生させる生産資源と見なされる資源を含んでいるからである。もし、レストラン、

図表1-1　売り手と買い手のインターフェイス：財とサービス

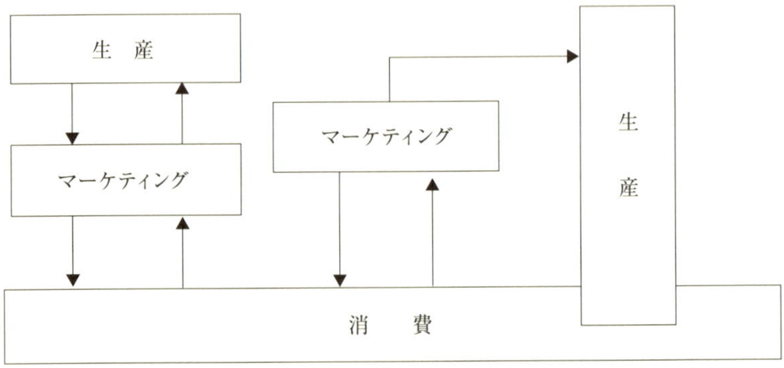

出所：Rathmell（1974），p.7.

銀行、航空会社あるいは美容室が継続的な顧客とのコンタクトを開発しているのであれば、買い手と売り手との相互作用、すなわちインタラクティブ・マーケティング機能、を顧客満足が得られる方法で、デザインしなければならないであろう。伝統的マーケティング活動は、通常、インタラクティブ・マーケティング努力を支援することはできるが、代替することはできないのである（Grönroos 1981, p.236 括弧内引用者）と説明されている。

このように、サービスの生産と提供に携わる従業員は、サービス業における最も重要な資源の1つであると言えよう。

また、異質性というサービスの特性もサービス・マーケティングにおけるIMの必要性を高めている。提供されるサービスの質がサービス提供者によってばらつきがあることは、一般的には、消費者には受け入れがたいことである。たとえば、自動車免許を取得したいと思っていても、すぐに怒り出す教官がいるという評判が立った自動車教習所に行きたいと思う人は少ないであろう。自動車教習所では、すべての教官ができるだけ同一のサービスを提供

図表1-2　サービス組織の2つのマーケティング機能

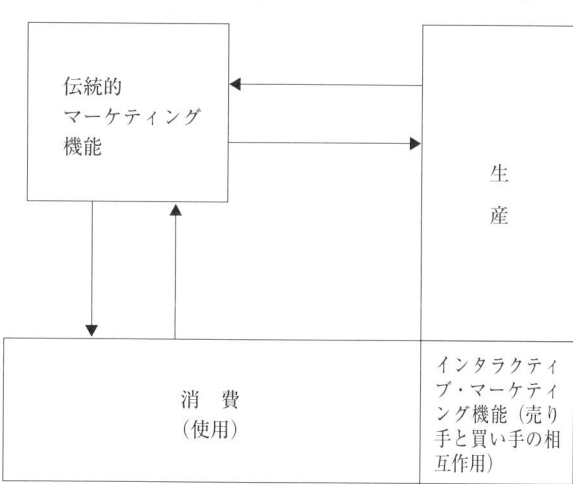

出所：Grönroos (1990), p.142.

するように動機付けされ、必要な訓練がなされる必要がある。そのためには、教官に向けてのIMが必要になるであろう。つまり、サービス業において、均質なサービスを生産・提供するためには、従業員への動機付けや教育訓練などを体系的に実施するためのIMが不可欠なのである。

このようなIMのサービス・マーケティングにおける位置づけは、図表1-3のように示されて、サービス・マーケティング・トライアングルと呼ばれている。この戦略的枠組みは、企業が約束を守り、顧客との関係性を構築することに成功するためには、企業における人々の能力が重要であることを視覚的に示したものである（Zeithaml et al. 2009）。Zeithaml et al. (2009) は、Bitner (1995) のサービスの約束とそれに関連するマーケティング活動で展開された考え方、すなわちエクスターナル（external）・マーケティングとは「約束をすること（making promises）」であり、インターナル・マーケティングとは「約束を実行できるようにすること（enabling promises）」であり、インタラクティブ・マーケティングとは「約束を守ること（keeping promises）」であるという考え方を図式化している。それは、逆転

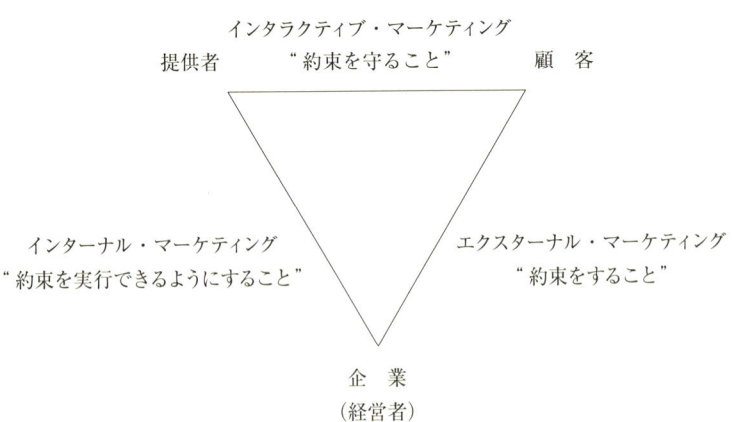

図表1-3 逆転したサービス・マーケティング・トライアングル

出所：Zeithaml et al. (2009) p.376.

したサービス・マーケティング・トライアングルと名付けられている。なお、一般的にはピラミッド型で説明される組織構造（トライアングル）を逆転させた理由は、顧客志向と従業員志向を強調するためであると説明されている。

　伝統的なマーケティング（製造業が展開するエクスターナル・マーケティング）では顧客と企業（管理者）という2者間での相互作用をするシステムと考えられていた。しかし、サービス・マーケティングでは、顧客と企業（管理者）に提供者（従業員など）が加えられて、3者間での相互作用をするシステムととらえるようになったのである。

　このように、サービス・マーケティングにおいて、従業員、特に接客を担当する従業員がマーケティングの表舞台に登場することになった。そして、表舞台に立った接客担当者を支援するのがIMなのである。ここで強調しておきたいことは、IMはサービス・マーケティングが生み出したという点である。Kotler and Levy（1969）は、マーケティングの主体を営利企業ばかりでなく非営利組織に拡張し、客体を財やサービスばかりでなく、個人や考え方までに拡張した。しかし、組織内部の市場に向けたマーケティングは提唱されなかった。その原因の1つは、マーケティングの原理は強い"財"志向を有していた（Rathmell 1966；Shostack 1977）ためであろう。工場で品質管理のもとで生産され、在庫で需要に対応できる有形財を前提とした場合は、従業員に向けてマーケティングを行うという発想は生まれなかったと思われる。先進国においてサービス経済化が進展し、サービス・マーケティングが注目されるようになる中で、IMの研究も進展したと言えよう。

第3節　IM概念の分類と整理

　ここでは、Voima（2000）の分類図式にしたがって、これまでに提示されたIMの諸概念を分類し、整理することとする。結論を先取りすれば、サービス研究からスタートしたIM概念の適用範囲は拡張されてきていることが

わかる。Voima (2000) は、これまでの IM の諸概念を整理するために、分類図式を開発した（**図表 1 - 4 参照**）。縦軸は組織的目的と焦点で、横軸は相互作用の志向を示し、4つに分類して、それぞれ①IM ミックス、②行列的 IM、③戦略的 IM、それに④内部関係性管理 (IRM) と名付けて説明をしている。

図表1-4　Voima(2000) の IM の分類図式

組織的目的と焦点＼相互作用の志向	取引的	関係的
短期的、内部的	インターナル・マーケティング・ミックス	行列的インターナル・マーケティング
長期的、外部的	戦略的インターナル・マーケティング	内部関係性管理

第1項　IM ミックス

このカテゴリーに分類されるのは、取引を原則とし、組織の目的が短期的で組織の内部に焦点があるという特徴を有する IM である。IM は、ここから生成した。Voima (2000) は、このカテゴリーに入る研究として、Berry (1981)、Flipo(1986)、Grönroos(1981,1982) それに Trumbly and Arnold (1989) を挙げている。すでに述べたように、IM の最初の定義は、当該組織の目的を満足させながら、不可欠な内部市場（従業員）のニーズを満たす内部製品（仕事）を利用可能にすることにかかわるものである (Berry et al. 1976, p.11)。IM という新しい用語を使用する理由は、外部顧客のニーズを充足させるための小売企業の能力は、内部顧客のニーズを充足するための能力に部分的に依存するという現実に焦点を当てたいからであると Berry et al. (1976) は指摘している。

Flipo (1986) は、IM 戦略は接客担当者の間に全体的マーケティング戦略に対する熱意、首尾一貫した行動、それに敬意を創造することを目的としたものであると説明している。ここでの考え方は、4P のようなマーケティング・ミックスを IM に適用しようとするものである。Flipo (1986) によれば、

IMにおけるプロダクトは魅力的な職務であり、プライスは職務の魅力的でない側面であり、プレイスは職場の場所であり、プロモーションは組織内のコミュニケーションのことであると述べている。

　Trumbly and Arnold（1989）は、企業内の情報システムの導入では、伝統的なマーケティングではなく、システム・デザイナーによるIMが不可欠であることを強調している。

　このカテゴリーに位置するIMの主な焦点は、最終顧客の満足ではなく内部市場へ向けられており、従業員の動機付けと満足がIMの主要な目的と見なされ、従業員の福利に重きが置かれているとVoima（2000）は指摘している。

　さて、主に接客を担当する従業員は、直接的に顧客など外部環境と接触する位置で活動する役割を担っている。このような行動は境界連絡行動（boundary-spanning behavior）と呼ばれている。Bettencourt et al.（2005）は、最前線のサービス従業員（frontline service employee: FSE）が3つの境界連絡行動をしていると指摘する。それらは、(1) 外部に対する代表（external representation）、すなわち当該組織のイメージ、商品、およびサービスを外部者へ主唱すること、(2) 内部への影響（internal influence）、すなわち当該組織、同僚、それに自分自身によるサービス提供を向上させるために企業および同僚に対するコミュニケーションを率先して行うこと、(3) サービス提供、良心的で責任を持った柔軟で丁寧な方法で顧客に奉仕すること、である。

　以上のように、このカテゴリーに入るIMは、そのIMの対象市場が基本的に接客担当者である点が特徴となっている。そして、接客担当者は境界連絡者（boundary spanners）であることが重要である。つまり、接客担当者の職務内容変革としてのIMと言える。さらに、IMの標的である接客担当者は、いわゆるアルバイトやパートタイムという形態で働く従業員が多く含まれている点も特徴と言えよう。つまり、長期契約ではなく短期契約である

場合が多い。現在の従業員を解雇して、新たな従業員を労働市場から調達することが比較的容易と言える。

第2項　行列的（processional）IM

　行列的 IM は、関係的相互作用を原則とし、組織の目的が短期的で組織の内部に焦点があるという特徴を有する IM である。これは全社的品質管理（TQM）の考え方を採用している。Voima（2000）は、このカテゴリーに入る研究として、Collins and Payne（1991）、Edvardsson et al.（1994）、George（1990）、それに Mohr-Jackson（1991）を挙げている。そして、このカテゴリーに入る IM は、最前線の従業員などのグループから、組織内で従業員がお互いに需要を生み出す水平的な関係性へと力点が移行していることを強調している。つまり、ここでは、TQM（Total Quality Management）アプローチに従った内部顧客と供給者という考え方を採用している（Voima 2000）。

　George（1990）によれば、IM は組織の多数の機能を統合するための全体的管理過程として次の2つの点で作用するという。1つは、すべての階層の従業員が顧客意識を支援する環境という脈絡でビジネスおよびビジネスのさまざまな活動やキャンペーンを経験し理解することを確実なものにすること、である。もう1つは、すべての従業員がサービス志向的やり方で行動することが準備され動機付けられることを確実なものにすること、である。

　Collins and Payne（1991）では、IM は顧客と供給者がともに組織の内部に存在するというマーケティングの形態であると定義されている。また、Mohr-Jackson（1991）は、焦点を内部顧客に向けるということは、顧客志向が次の3つの事柄を含むということを意味すると主張している。それらは、(1) 外部顧客のニーズと選好に影響を与える内部顧客の必要条件を理解すること、(2) 内部顧客を通して外部顧客のニーズと選好に関する情報を得ること、それに (3) 内部顧客の便益を増加させることによって買い手の付

加的な価値を創造することである。その上で、組織に市場志向を形成させるのに鍵となる役割を演じているのが内部顧客変数であり、具体的には、教育と訓練、関与と貢献、権限委譲、それに報酬構造の4つの変数を提示している。

さらに、Edvardsson et al.（1994）は、TQM の一部としての IM は、次のような目標を有していると指摘している。それらは、(1) 実行されることを明確にすること、(2) 働く態度に影響を与えること、(3) 外部顧客と内部顧客の両方に向かうような行動に変えること、(4) コミットメントを増加させること、(5) 外部顧客とのコミュニケーションを向上させること、(6) 内部顧客間のコミュニケーションを向上させること、である。

以上のように、このカテゴリーに入る IM の対象市場は、接客担当者のような境界連絡者ではなく、企業と市場の境界には接しない従業員へ対象市場を拡張している点が特徴である。接客担当者に限定するのではなく、すべての社員の職務内容変革としての IM と言える。

製造や研究開発の担当者などもこのカテゴリーに入ると考えられる。日本においては、必ずしも短期的であるとは想定できないが、内部的で関係型となっているとは言えよう。

第3項　戦略的 IM

戦略的 IM は、取引を原則とし、組織の目的が長期的で組織の外部に焦点があるという特徴を有する IM である。Voima（2000）は、このカテゴリーに入る研究として、Piercy（1995）、Piercy and Morgan（1991）それに Rafiq and Ahmed（1993）を挙げている。

まず、Piercy and Morgan（1991）は、IM は当初はサービス・マーケティングの領域で開発された概念であるが、次のように IM 概念の適用範囲を拡張したいと述べている。すなわち、IM とは、企業内の内部市場を狙いとしたマーケティング・プログラムの開発であり、顧客と競争者からなる外部市場に対するマーケティング・プログラムと平行し適合するものである。また、

Rafiq and Ahmed（1993）では、IMは全社的および機能的戦略を効果的に実施するために、変革への組織の抵抗を克服して、従業員を配置し動機付けし統合するための計画化された努力であると定義されている。同様、Piercy（1995）も4Pというマーケティング・ミックスで説明をしている。そこでは、プロダクトは戦略であり、プライスはその戦略のために人々があきらめるものであり、情報と説得がコミュニケーションであり、流通は変化の必要性の影響と管理である、と解説されている。

　我が国でも、木村（2007）はIMを「組織がその目標を中長期的に達成することを目的として実施する、内部組織の協働のための一連のプロセスあるいはコミュニケーションの活動である（p.14）」と定義し、「これまでのIM研究の発展過程を下敷きにしつつ、その対象領域をサービス業といった特定の業種に限定するものではなく、産業一般について適応できるとの考えに立っている（p.35）」と述べている。

　これは経営学における組織変革の領域と重複すると思われる。職務内容の変革ばかりでなく、組織構造の変革が含まれることは明らかである。市場の変化に対応するための組織構造改革としてのIMと言えるかもしれない。たとえば、田村（1999）は、大量集中型営業[1]から機動営業[2]への営業組織変革の必要性を提唱しているが、これは戦略IMととらえることができるかもしれない。

1　これは3つの前提に基づいているという。第1に、営業は顧客創造活動の最終ランナーであるとともにゴミ箱であるという考え方、第2に同質な欲求を持つ大量市場が急速に成長している。いわば、業界市場は成長期にあるという前提。第3に、これに対応するための営業体制は、マンパワーとしての営業力をいかに大量に迅速に動員できるかである（p.14）。

2　機動営業は、内部組織的に見ると、職能部門としての営業だけでなく、活動（過程）としての営業をその範囲としている。営業部門だけでなく、顧客価値創造にかかわる全社的業務過程を基礎にしている。それによって、顧客価値創造に必要な経営資源の動員を、ホロンの階層を通じながらも迅速にかつ的確に行おうとする。機動営業体制の課題は、営業活動のホロン性向上の仕組みを作り上げることにある（pp.70-71）。

第4項　内部関係性管理(internal relationship management：IRM)

　内部関係性管理は、関係的相互作用を原則とし、組織の目的が長期的で組織の外部に焦点があるという特徴を有するIMである。Voima（2000）は、このカテゴリーに入る研究として、Ballantyne（1997）、Lings（1999）、Lings and Brooks（1998）、Payne（1993）、Varey（1995）、Voima and Grönroos（1999）などを挙げている。Ballantyne（1997）では、IMは新しい組織的知識を創造し普及させるために、従業員の自律性とノウハウが組み合わされる関係性構築の過程であると定義されている。また、Varey（1995）は、IMは漸進的な文化の改革を求める過程であると定義している。Voima（2000）は、内部関係性管理[3]とは複数の内部関係性を明確にし、維持し、発展させ、場合によっては終了させることによって、非常に重要な外部関係性に強く影響を与えるあらゆる重要な内部関係性を管理する過程であると定義している。

　このように、組織変革の範囲が、組織構造ばかりでなく組織文化に及んでいることが伺われる。組織文化の改革としてのIMと言えよう。全社的な展開が必要であり、80年代のコーポレート・アイデンティティ（CI）活動や近年の統合的マーケティング・コミュニケーション（IMC）がこれに該当するのではないだろうか。

　以上4つのカテゴリーのIMをVoima（2000）の分類図式に沿って概観してきたが、IMの概念の適用範囲は拡張化の傾向があると指摘することができよう。加えて、TQM、戦略計画、リレーションシップ・マネジメントなどの研究領域と重複しつつ、それらの概念を援用しながら、IM研究が進められていることが見て取れる。

　このように、Voima（2000）の分類図式はIMの概念の適用範囲の拡大化傾向を把握することを容易にするという意味合いにおいて有用な分類図式と言える。しかしながら、Voima（2000）の分類図式はそれ自体に問題点を有

3　他方、このような拡張は行き過ぎであるという主張もある（Mudie 2000）。

していると考えられる。まず第1に、図式の縦軸となっている「組織的目的と焦点」についての問題が指摘できよう。つまり、短期的目的と焦点は、常に内部的とは限らないという問題点である。たとえば、パートの工場勤務者は、短期的契約に基づいており、組織の内部に位置すると言える。だが、アルバイトの接客担当者は短期的契約に基づいているが、組織の内部ではなく、顧客との接点、すなわち組織と市場の境界に位置している。他方、組織の内部的な位置にいる研究開発担当者は、基本的に、長期的契約に基づく正社員である場合が多い。

第2に、長期的目的と焦点は、外部的とは限らないという問題点である。たとえば、新製品開発などの長期的な目標を達成するタスクを負っている研究開発担当者は、組織の境界的な位置ではなく、内部的、言い換えれば中心的な位置にいる。

第3に、横軸の「相互作用志向」についてであるが、関係的な相互作用は本質的には長期的であるのに対して、取引的な相互作用は本質的には短期的であるという問題点である。短期的な関係的相互作用と長期的な取引的相互作用という概念は、自己矛盾に陥っている。確かに、長期的関係の第一歩として、一時的に短期的な取引は存在するが、それは結果的には長期的関係となるのである。

そこで、新しい分類図式（図表1-5参照）を提案したい。まず、縦軸は、関係の長さとする。具体的は、短期的関係と長期的関係である。そして、横軸は、組織上の位置とする。具体的には、組織の境界的位置なのか、それとも組織の中心的位置なのかである。これにより、4つのカテゴリーにIMを

図表1-5　標的の性質によるIMの分類図式

関係の長さ＼組織上の位置	境界的	中心的
短期的	①	②
長期的	③	④

分類したいと考える。この分類は、誰に向けてIMを展開するのかによる分類と言ってよいであろう。ここでは、標的の性質による分類と名付けることとする。

第4節　IMの過程（因果関係、パス図）

前節でのIMの概念の整理を受けて、ここでは、IMが実際にどのような過程で展開されるかについて考察を加える。つまり、IMは時間の経過とともに、原因と結果がどのように連鎖していくのかを明示した6つのIMモデルを検討する。

まず、IMの概念を最初に提示した1人であるBerryのモデルを皮切りに概観していくことにする。

第1項　BerryのIMモデル

IMはどのような過程で展開されるのであろうか。IMの作用過程、つまりどのようにIMが作用するかについては、BerryのIMモデルとGrönroosのIMモデルに大別され、いずれもサービス品質を向上させることを目的とするが、それを達成する方法が異なっていると、Ahmed and Rafiq（2002）は述べている。BerryのIMモデルは、顧客としての従業員が鍵となる概念であり、GrönroosのIMモデルは、顧客熱意（mindedness）とインタラクティブ・マーケティング[4]という考え方が基礎となるという。

Ahmed and Rafiq（2002）は、BerryのIMモデルを図示（**図表1　6参照**）し、その特徴と因果関係を次のように説明している。

① 従業員を顧客として扱うという根本的な主張は、従業員の態度の変化を導く。すなわち、サービス意識を持った従業員となり、そのことによっ

---

[4] インタラクティブ・マーケティングの機能は、購入と消費の過程に関する買い手と売り手の相互作用を管理することである（Grönroos 1980）。

図表1-6　Berry の IM モデル

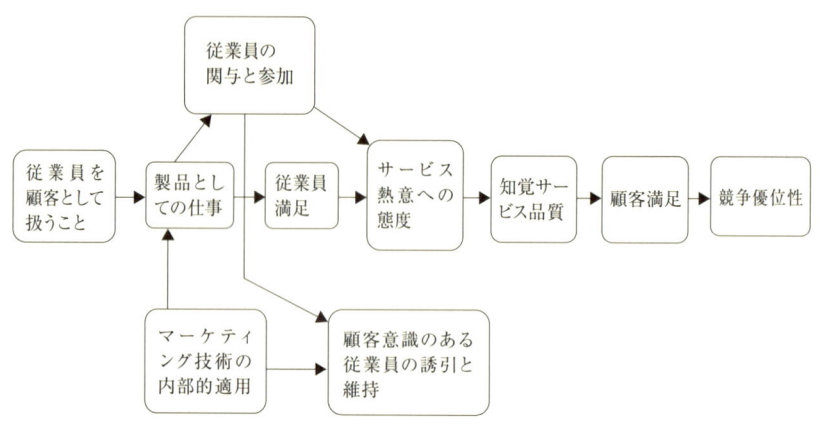

出所：Ahmed and Rafiq（2002），p.14.

　てサービス品質はより良くなり、市場における競争優位となる。
② 　従業員を顧客として扱うということは、仕事を企業の製品として扱うことを必要とする。すなわち、顧客のニーズと欲求が考慮され、顧客に対して魅力的な製品にする努力が必要となる。
③ 　仕事を製品として扱うことは、人的資源管理からの新しいアプローチを必要とし、顧客志向の従業員を引き付けて維持するためにマーケティング技術を適用することを基本的に含んでいる。

　このように、最も早く IM の概念を提唱した学者の 1 人である Berry の IM モデルは、「従業員を顧客として扱うこと」という理念に立って、「マーケティング技術を内部的に適用」することによって、「製品としての仕事」が提供され、最終的にサービス企業が競争優位性を生み出すという過程を概念的に提示している。確かに、「従業員を顧客として扱うこと」という理念は、これまでのサービス業界では、実現が困難であると言われてきた。したがって、能力の高い従業員によって競争優位性を構築しようという戦略は、これまでの常識を破るものと言えよう。その意味で、画期的なモデルと言える。

他方、どのように IM を実施するのかという点については、問題をはらんでいると言わざるをえない。特に、「マーケティング技術の内部的適用」については、いわゆる製品のマーケティングをそのまま適用することができるのであろうかという疑問点が湧いてくる。

第2項　Grönroos の IM モデル

次に、Ahmed and Rafiq（2002）は、Grönroos の IM モデルを図示（**図表1－7参照**）し、その特徴と因果関係を次のように述べている。

① 顧客意識を持つ従業員という先行要因は、新卒採用、必要な訓練、それに参加的な管理スタイルであり、それらはサービス・デリバリー過程において従業員に自由裁量を与える。それによって、接客担当者と顧客との間に生じる相互作用を利用することができるようになる。従業員に

図表1-7　Grönroos の IM モデル

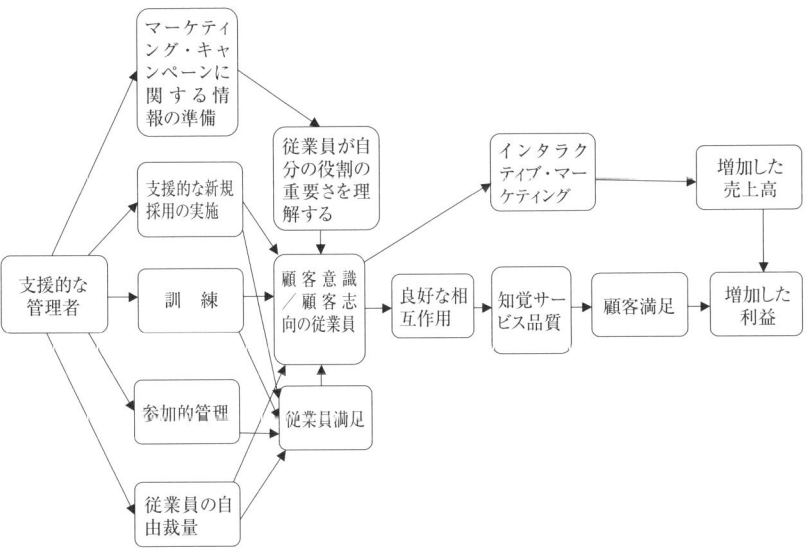

出所：Ahmed and Rafiq（2002），p.16.

自由裁量を与えること、つまり従業員に自分の仕事の管理をより多くさせることによって、従業員の職務満足は増加し、従業員がより動機付けされ顧客意識を持つようになると期待される。

② 加えて、マーケティング戦略とキャンペーンが外部市場で実施される前に、戦略とキャンペーンにおける変更について従業員に情報を提供する必要がある。この政策の背後にある考え方は、サービスの生産と提供の過程における従業員の役割の重要性を十分に理解すべきであるということである。

③ 以上のすべてに対して、支援的な上級管理者が必要である。

このように、GrönroosのIMモデルは、BerryのIMモデルと基本的には同じ流れを有している。しかし、GrönroosのIMモデルは、BerryのIMモデルに比べて、より具体的な内容を含んだ概念モデルと言えよう。その理由は、まずIMの主体として管理者を明示していることである。BerryのIMモデルでは誰がIMを行うのか（これは実施するという意味ではなく意思決定をするという意味において）が不明であった。次に、IMの手段として、「マーケティング・キャンペーンに関する情報の準備」から「従業員の自由裁量」までの5つを提示している点である。これらは、BerryのIMモデルの「マーケティング技術の内部的適用」の具体的な内容と理解することができよう。最後に、インタラクティブ・マーケティングというサービス企業にとって特有なマーケティングを提示している点である。

第3項　Ahmed and RafiqのIMのメタ・モデルとリサーチ・モデル

Ahmed and Rafiq（2002）は、上述の2つのモデルを組み合わせて、IMのメタ・モデル（図表1-8参照）を提示し、その利点を次のように説明している。

① この新しいモデルでは、GrönroosとBerryのモデルは競合するモデルではなく、IMの異なる側面に光を当てていることを強調し、より包

図表1-8 Ahmed and Rafiq の IM のメタ・モデル

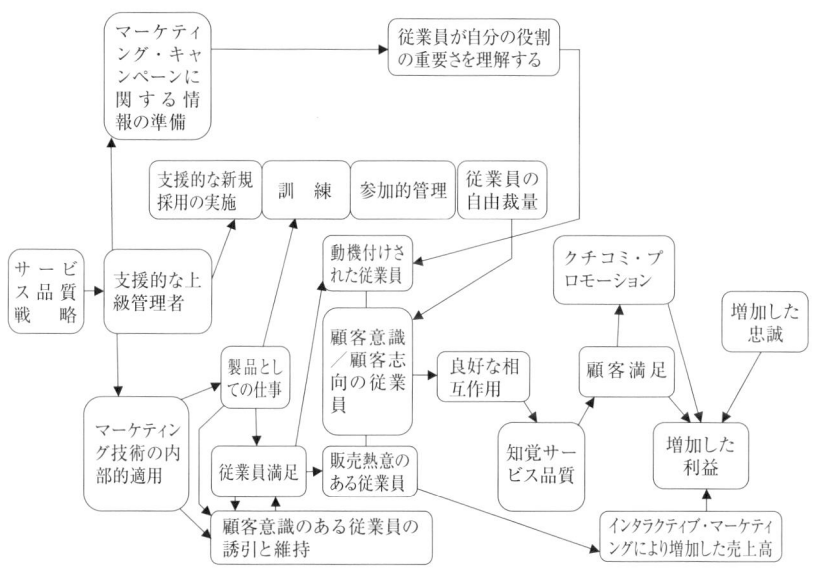

出所：Ahmed and Rafiq（2002），p.17．

括的な概念を構築するためにその違いを利用している。
② このモデルは、実証的に検証される必要がある多くの暗黙的仮定と関係に光を当てている。
③ このモデルは、IM の実施に含まれるメカニズムを示している。
④ このモデルは、いささか複雑であるが、IM のより完全な展望図を提供している。

そして、Ahmed and Rafiq（2002）は、この IM モデルを 3 つの部分に分けて解説を行っている。まず、第 1 の部分は、職務満足とその先行要因である。産業財のビジネスにおける販売員（salesperson）の職務満足とその先行要因に関する実証研究は、サービス業における職務満足とその先行要因に関して研究を行う際に、有用であると指摘している。なぜならば、両者の状況が類似しているからであるという。次に、第 2 の部分は、サービス品質と

顧客満足の関連の部分である。サービス品質が高まれば、顧客満足が増加するという仮説は経験的研究によって実証されている（たとえば、Churchill and Suprenant 1982）。最後に、第3の部分は、顧客満足、顧客忠誠、それに利益の部分である。Heskett et al.（1994）は、顧客満足が顧客忠誠を経由して利益へと到達するという経路を提示しているが、Ahmed and Rafiq（2002）は、最適なレベルの顧客満足であれば、利益を生むが、過剰なレベルの顧客満足を求める投資は、かえって利益を削減すると警告している。このモデルには、BerryのモデルやGrönroosのモデルにないクチコミ・プロモーションの概念が追加されている。サービスの無形性という特性はクチコミの影響を有形財よりも受けやすいということから追加されたと考えることができる。

他方、Ahmed and Rafiq（2002）では、このメタ・モデルは全体を見通す鳥瞰図としては有用であるが、調査を考えるためには、複雑すぎるとして、調査のためのIMモデル（図表1–9参照）も提示している。このリサーチ・モデルの特徴は、従業員の動機付けと権限委譲という2つの先行要因が、職

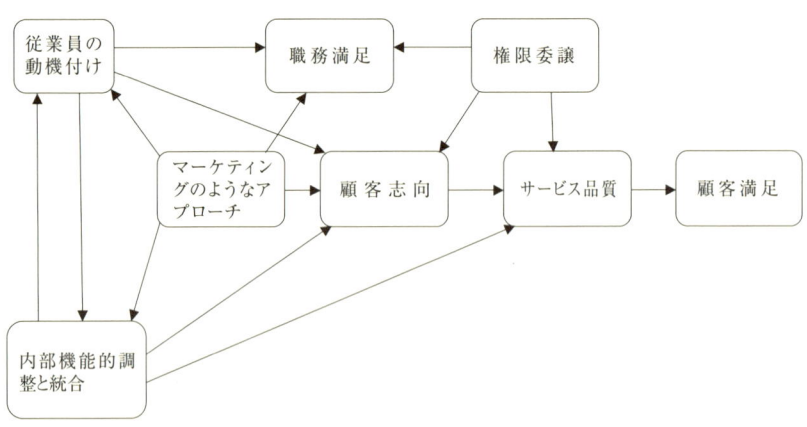

図表1-9　Ahmed and RafiqのIMのリサーチ・モデル

出所：Ahmed and Rafiq（2002），p.20.

務満足、顧客志向、サービス品質を通って、顧客満足という成果変数に影響を与えている点にある。提示されている構成概念は、いずれも尺度化がなされており、多くの経験的研究に使用され、妥当性や信頼性のテストが繰り返し行われてきている。リサーチ・モデルをデザインする際には、非常に有用なモデルと言えよう。

　以上、4つのモデルを概観してきたが、ここで共通する点を整理したいと思う。まず第1に、いずれのモデルにおいても職務満足もしくは従業員満足という構成概念が使用されている点である。職務満足（従業員満足）の向上がIMの主要な目的の1つと考えることができるであろう。

　そして第2に、その職務満足（従業員満足）に影響を与える要因として、動機付けと権限委譲（または従業員の自由裁量）という概念が提示されている点が共通している。ただし、Berryのモデルでは、"製品としての仕事"という抽象的な概念となっている。

　これらの共通点を踏まえると、Ahmed and Rafiq（2002）の指摘どおり、リサーチ・モデルを構築するためには、Ahmed and Rafiq（2002）のリサーチ・モデルをベースとすべきであろう。そして、職務満足・動機付け・権限委譲をIMモデルに組み込むべきであることは明らかである。

第5節　既存のIMの実証研究

　前節では、IMがどのような過程を経て展開されているかを説明したモデルを概観した。全体のプロセスを正確かつ緻密に説明しようと試みるほど、モデルは複雑になっていくことが確認された。モデルを検証するためには、Ahmed and Rafiqが提示したIMのリサーチ・モデルのように操作化が可能なものである必要がある。この節では、これまでに報告されている主要なIMの実証研究を検討することによって、IMモデルの構築のための作業を行うことにする。

第1項　Gounaris（2008a 2008b）の研究

　Gounaris（2008a）は、Berry et al.（1976）以降の主要な23の IM 研究をサーベイし、Tansuhaj et al.（1987）、Gummesson（1987）[5]、Forman and Money（1995）、Naudé et al.（2003）、それに Lings and Greenly（2005）以外は、すべて規範的研究であり、実証研究が遅れていることを指摘している。

　そして、5つの実証研究を次のように要約している。まず、Tansuhaj et al.（1987）は、最前線の従業員を対象として実証研究を行い、IM が職務満足および組織へのコミットメントの水準を増加させることを示している。IM は企業のマーケティング専門家（マーケティングと販売部門）が責任主体となり、従業員へのコミュニケーションを通じて実施されると報告している。

　次に、Gummesson（1987）は、サービスの価値創造連鎖にかかわるすべての従業員を対象として、事例研究を行い、IM が生産性と効率のレベルを増加させると報告している。IM は、従業員とのコミュニケーションおよび文化変革メカニズムを通じて実施されると述べている。

　さらに、Forman and Money（1995）では、IM は誰（従業員の特定の集団もしくは組織全体）を標的とするかによってさまざまな目的を持ちうるものであり、コミュニケーション、開発、参加型管理、動機付け、それに報酬を通して実施されるとしている。

　続いて、Naudé et al.（2003）においては、IM は、サービス価値創造連鎖にかかわるすべての従業員を標的として、職務満足と市場志向の採用を結果として生じさせる。また、IM の実施は、個人および組織の特性に影響を受けると説明している。

　最後に、Lings and Greenly（2005）では、IM は、最前線の従業員を対象として、内部風土（internal climate）を向上させる努力を記述するために

---

[5]　ただし、Gummesson（1987）は実証研究ではなくエリクソン社の事例研究である。

内部市場志向（IMO；internal market orientation）と互換的に使用されるとし、職務満足の水準の向上を生み出すとしている。そのようなIMプログラムは4つの主要な概念として、公式な情報生成、非公式な情報生成、情報普及、それに反応性（responsiveness）を挙げている。

これらの実証研究を踏まえた上で、Gounaris（2008b）では、ギリシャにある29の4つ星以上のホテルに勤務する最前線の従業員（N＝583）のデータを用いて、以下の4つの仮説を検証している。

仮説1：クラン型の文化原型[6]は、内部市場志向（IMO）という理念の採用に影響を及ぼす

この仮説の鍵概念であるIMOは、次のように定義されている。すなわち、IMOという概念は従業員市場に関する企業の志向を言及したもので、従業員に向けての経営者のコミットメントを示すものである。企業の（外部）マーケティング目的と戦略が指示するタイプとレベルのサービスを提供するために不可欠なすべての手段（たとえば、ノウハウ、自由裁量）を持っていることを確実にしつつ、従業員にとって何が価値あるのかを理解し、従業員の個別のニーズに応じようとするコミットメントである（Gounaris 2008b）。IMOは3つの概念、内部市場インテリジェンスの収集、内部市場インテリジェンスの普及、それに内部市場インテリジェンスへの対応から構成されている。これらの概念は、Lings（2004）から借用したものであるが、Gounaris（2006）の実証的研究を通して若干の修正が加えられている。3つの概念は、次のような測定尺度から構成されることを提示している。まず、内部市場インテリジェンスの収集は、価値交換の明確化および外部従業員市場の状況という2つの尺度から構成されている。次に、内部市場インテリジェンスの普及は、マネジャーと従業員間のコミュニケーションおよびマネ

---

[6] クラン型の文化原型は、市場型の文化原型の対義語で、市場型の文化原型は、実践的で成果とリスクを志向する組織文化であるのに対して、クラン型のそれは緩やかな管理システムで人々に興味があるという組織文化であると説明されている（Gounaris 2008b）。

ジャー間のコミュニケーションという2つの尺度から成り立っている。最後に、内部市場インテリジェンスへの対応は、内部市場の細分化、内部セグメントの標的化、職務記述、報酬システム、訓練、それに管理者の考慮、という6つの尺度で測定されている。

　仮説2：IMO理念の採用は、IMの実践にプラスの影響を及ぼす

　IMの実践は、権限委譲、参加型管理、それにコミュニケーションの公式手順の3つの構成要素で実施されている。

　仮説3：IMプログラムの適用は、従業員の職務満足にプラスの影響を及ぼす

　仮説4：IMOの採用は従業員の職務満足にプラスの影響を及ぼす

　そして、図表1-10のモデルを提示している。データを分析した結果、いずれの仮説も採択されたと報告している。

　このモデルでは、IMの成果は、職務満足のみで測定されていることが特徴となっている。Gounaris（2008b）は今後の研究課題として、無断欠勤傾向（absenteeism）の減少、離職率の減少、あるいは企業コミットメントの増進などを成果として組み込むことを提案している。

図表1-10　GounarisのIMモデル

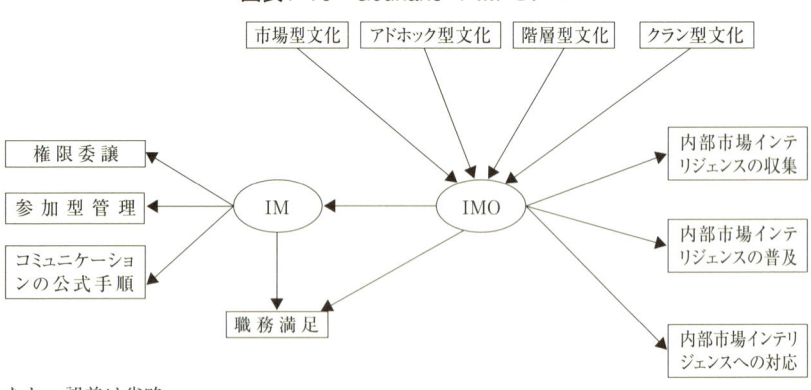

なお、誤差は省略。
出所：Gounaris（2008b），p.412.

第2項　Hartline and Ferrell（1996）の研究

　Hartline and Ferrell（1996）は、IMという概念を用いてはいないが、彼らが提示した接客サービス従業員管理（The Management Customer-Contact Service Employees）の概念モデル（**図表1-11参照**）はIMを含んでいると考えることができる。この概念モデルは、3つの部分からなり、9つの概念で構成されている。それらは、1.サービス品質への経営者のコミットメント（management commitment to service quality; MCSQ）、2.権限委譲、3.行動基準評価（behavior-based evaluation）、4.役割葛藤、5.役割曖昧性、6.自己効力感（self-efficacy）[7]、7.職務満足、8.適応性（adaptability）[8]、それに9.顧客が知覚したサービス品質である。そして、それらの概念間の関係が10の仮説で説明されている。

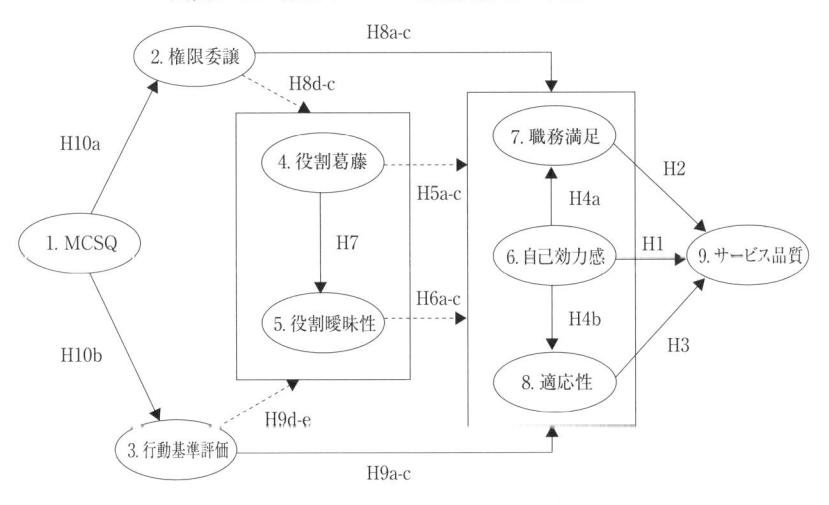

図表1-11　接客サービス従業員管理の概念モデル

なお、破線はマイナスの影響を示す。
出所：Hartline and Ferrell（1996）, p.54.

[7] 仕事関連の課業を遂行するための能力についての従業員の信念（Bandura 1977）。
[8] サービス・エンカウンターにおける個人間の需要に自らの行動を適応させる接客担当者の能力（Scott and Bruce 1994; Hartline and Ferrell 1996）。

まず、第1の部分は、従業員と顧客の境界面で、次の仮説の1から3で説明されている。

仮説1：接客担当者の自己効力感が高いほど、顧客が知覚するサービス品質は高くなる

仮説2：接客担当者の職務満足が高いほど、顧客が知覚するサービス品質は高くなる

仮説3：接客担当者の適応性が高いほど、顧客が知覚するサービス品質は高くなる

次に、第2の部分は、従業員の役割の境界面である。次の仮説の4から7で説明されている。

仮説4：接客担当者の自己効力感が高いほど、接客担当者の（a）職務満足および（b）適応性は高い水準になる

仮説5：接客担当者の役割葛藤が高いほど、接客担当者の(a)自己効力感、(b) 職務満足、それに（c）適応性の水準は低くなる

仮説6：接客担当者の役割曖昧性が高いほど、接客担当者の（a）自己効力感、(b) 職務満足、それに（c）適応性の水準は低くなる

仮説7：接客担当者の役割葛藤が高いほど、接客担当者の役割曖昧性の水準は高くなる

最後に、第3の部分は、マネジャーと従業員の境界面である。次の仮説の8から10で説明されている。

仮説8：マネジャーが権限委譲の使用を増加させるほど、接客担当者の(a)自己効力感、(b) 職務満足、それに（c）適応力の水準は高くなり、他方（d）役割葛藤および（e）役割曖昧性の水準は低くなる

仮説9：マネジャーが行動基準[9]の従業員評価の使用を増加させるほど、接客担当者の（a）自己効力感、(b) 職務満足、それに（c）適応力の水準は高くなり、他方（d）役割葛藤および（e）役割曖昧性の水準は低くなる

仮説10：サービス品質へのマネジャーのコミットメントが増加するほど、マネジャーは、(a) 権限委譲および (b) 行動基準の従業員評価の使用が増加する

そして、彼らは、米国の中級から高級な3つのホテルチェーンの444のホテルから279の回答を得た。なお、顧客への調査票はホテルのマネジャーを通して渡された。分析可能な調査票の数は、マネジャーが236票、従業員が561票、顧客が1,351票であった。共分散構造分析を実施した結果として、採択された仮説は、1、2、6a、6b、6c、7、8a、9c、9d、10a、10bであった。これらを踏まえて、新たにサービス従業員管理：構造的関係性のパス図（図表1－12参照）を提示している。

最後に、管理上の示唆として、以下の4点を挙げている。

①　マネジャーは、企業のサービス品質を向上することにコミットしなけ

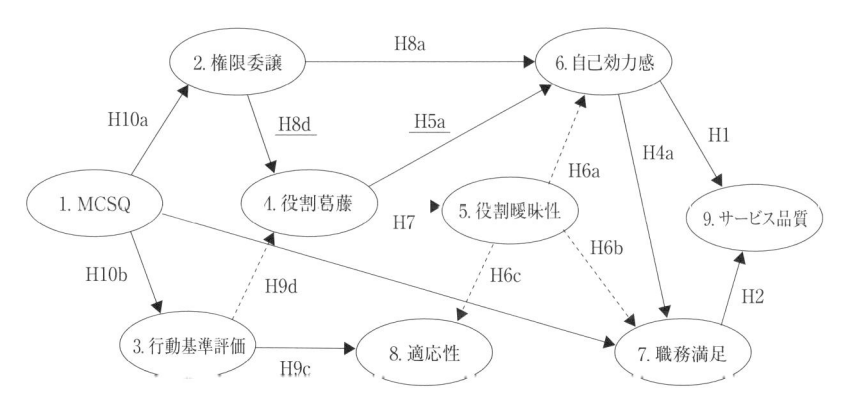

図表1-12　サービス従業員管理：構造的関係性のパス図

なお、破線はマイナスの影響。仮説8dと5aは、仮説と逆のプラスの影響となった。
出所：Hartline and Ferrell (1996), p.54.

9　Anderson and Oliver（1987）は、販売担当者統制システム（salesforce control system）を成果基準（outcome-base）統制システムと行動基準統制システムに類型化している。行動基準統制システムでは、販売担当者の活動や成果が監視され、販売担当者の活動に管理者が介入する、主観的で複雑な手法であると説明している。

ればならない。
② マネジャーは、権限委譲の使用が接客担当者および企業のサービス品質に対して、プラスの結果とマイナスの結果となることを認識しなければならない。
③ 行動基準評価の使用は、従業員の適応性を増加させる。
④ マネジャーは、接客担当者の役割葛藤と役割曖昧性を減少させる方法を見つけなければならない。

図表１−12からも明らかなように、従業員の職務満足に対して、直接的に、サービス品質への経営者のコミットメントがプラスの影響を及ぼし、役割曖昧性と自己効力感がマイナスの影響を与えていることがわかる。IMの目的を職務満足の向上とした場合には、これら３つの概念は、IMの目的を達成する場合の有効な手段と考えることができる。

さて、Gounaris（2008a 2008b）とHartline and Ferrell（1996）の実証研究を検討してきたが、いずれの研究でも職務満足が目的として掲げられていた。Gounaris（2008b）では、職務満足は権限委譲・参加型管理・コミュニケーションの公式手順が向上させるということが経験的に確認されたと報告されている。また、Hartline and Ferrell（1996）では、職務満足に対して"サービス品質への経営者のコミットメント"と自己効力感がプラスの影響を与え、役割曖昧性がマイナスの影響を与えることが経験的に確かめられたと指摘されている。

第６節　結語

IMはサービス・マーケティングから生まれた。特に、サービスの生産と消費の同時性ならびにサービスの異質性によって、企業（経営者）はサービス提供者に向けてのIMが必要となった。サービス業で生まれたIMは、その適用範囲を拡張させ、行列的IM、戦略的IM、内部関係性管理などの

カテゴリーに分類されるようになってきた（Voima 2000）。しかしながら、Gounaris（2008a）が指摘するように、IM の多くの研究が規範的研究であり、実証研究は少ない。したがって、現在は IM の実証研究の推進が求められている。

　IM についての実証研究を進めていく上では、まず第 1 に IM の目的を設定することが不可欠であろう。なぜならば、IM の目的が明示されなければ、それを達成するための有効な手段を探索することはできないからである。

　Berry et al.（1976）の定義には、従業員のニーズを満たすことが目的として掲げられている。これは職務満足と言い換えることができる。本章で検討を加えた既存の IM モデルや実証研究において、IM の目的として職務満足が設定されていた。特に、IM の実証研究ではそうであった。しかしながら、Voima（2000）の分類図式における行列的 IM、戦略的 IM、そして内部関係性管理においては、IM の目的は異なっていた。たとえば、コミットメントの増大（Edvardsson et al. 1994）、組織変革（Rafiq and Ahmed 1993）、組織目標の達成（木村 2007）、組織的知識の創造と普及（Ballantyne 1997）、文化の改革（Varey 1995）などが IM の目的として提唱されていた。これらの IM の目的を達成するための IM の実証研究はかなり困難だと予測される。これらの適用範囲が拡張された領域では、規範的研究は行われているが、実証研究が進んでいない点はその困難さが主要な原因の 1 つであると考えられる。

　本研究でも、まず職務満足の向上を IM の目的として実証研究を進めていくことにする。その上で、そのほかの IM の目的も考慮に入れたいと考えている。たとえば、Gounaris（2008b）が今後の研究課題としてモデルに組み込むことを提唱した、無断欠勤傾向の減少、離職率の減少、あるいは企業コミットメントの増進、などは有望な IM の目的と言えるであろう。

　次に、設定された IM の目的を達成するための有効な手段の選定作業に入ることにしたい。本章で検討を加えた諸研究から、動機付け、権限委譲（自

由裁量)、役割などが候補になると考えられる。

　次の章では、目的と手段を明示した IM の定義を行い、その定義にしたがって、IM の基本モデルを構築し、そのモデルを検証するための仮説群を提示したい。

第2章

本研究における IM の基本モデル

第1節　序

　前章の IM の先行研究の整理から、IM の実証研究が規範的または記述的研究と比較して進んでいないことが明らかとなった。そこで、本章では、IM に関しての実証研究を進めていくための基本モデルを構築するという作業を行う。まず、IM の実証研究を進めるための IM の定義を行う。次に、これまでに報告された有用な実証研究の成果を生み出す際に、使用されてきた構成概念を参考にしつつ、本研究における仮説群を設定する。そして、それらの仮説群を検証するための IM の基本モデルを構築したい。さらに、これまでほとんど検討を加えられることがなかった IM における市場細分化について考察を加えることにする。

第2節　本研究における IM の定義、仮説、および基本モデル

第1項　本研究における IM の定義

　これまで提示された IM 研究を検討すると多くの構成概念が存在することがわかる。もし、前節までに提示されたすべての構成概念を含んだモデルを構築したならば、それはあまりにも複雑になり分析不能なものとなってしまうであろう。そこで、これまでに提示された多くの構成概念を検討し、IM

モデルを構築するのに不可欠な基本的な構成概念を選び、基本的なモデルを構築する。そして、研究目的に応じて重要な構成概念を追加するという手順で研究を進めていくことにしたい。

基本的な構成概念として採用したいものは、動機付け、権限委譲、役割明確性、役割葛藤、適応性である。いずれの構成概念も多くの経験的な研究が行われており、有用性や操作性は高いと言える。そして、結果を測定する構成概念としては、職務満足ばかりでなく、成果と離職意図をモデルに組み込みたい。IMの目的が従業員志向を実践する職務満足を提供するものであるから、職務満足をIMの目的とするのは当然である。しかし、職務満足だけでは不十分であると考える。なぜならば、職務満足が高ければ成果が高くなり、成果が高くなれば、離職意図は低減するという連鎖については、経験的な検証は必ずしも十分に行われておらず、またその連鎖の強さも正確な測定が行われたとは言いがたい状況にあるからである。そこで、職務満足だけではなく、成果や離職回避も目的として設定されるIMの定義を行うこととしたい。そして、操作可能なマーケティング・ミックス要素を明示する形で、IMを次のように定義する。

IMとは、標的従業員に対して、動機付け、権限委譲、役割明確性などの手段を有効に行使して、標的従業員の職務満足と成果を向上させることおよび離職を避けることを目的とするマーケティング活動である（高橋 2010, p.107）。

第2項　構成概念、仮説群、および基本モデル

さて、本研究の仮説の鍵概念となる構成概念は、動機付け、権限委譲、役割明確性、役割葛藤、適応性、職務満足、成果、それに離職意図の8つである。これらを整理すると、まず、動機付け、権限委譲、それに役割明確性は、先行変数で、IMを行う管理者にとって統制可能な要因と想定できる。次に、役割葛藤と適応性は、管理者にとっては直接的には統制不可能で間接的にし

か統制できない要因である。そして、職務満足、成果、それに離職意図は、成果変数となる。それでは次に、鍵となる構成概念について仮説を設定する作業に移ることにしよう。

① 動機付け

　鍵概念である動機付け（motivation）に関しては、仕事関連の課業に投入された努力の量（Campbell and Pritchard 1976）という定義を採用する[1]。まず第1に、ビジネスの文脈で最も重要と考えられる成果との関係については、サービス・マーケティングが登場する以前から販売管理の領域では重要な研究課題であった。Bagozzi（1980）は、より高い動機付けとより積極的な自己コンセプトを有した販売員は、必要とされる努力を進んで行使し、自己コンフィデンスを販売という課業に対して注ぎ込むので、より高い成果を達成する人になる可能性が高いと指摘している。また、Churchill et al.（1985）は、販売員の成果の予測要因としての動機付けへの研究者の興味は、比較的最近であると述べている。彼らは、メタ分析から、動機付けは適性（aptitude）よりも成果の予測要因として優れているが、スキル・レベル[2]ほどではないと結論づけている。なお、メタ分析を行った126の研究において、動機付けと成果の相関係数については、重み付けされた相関係数の平均値が、0.184であった。

　次に第2番目として、職務満足との関係については、基本的には成果と同様にプラスの関係が想定される。Brown and Peterson（1993）のメタ分析

---

[1] なお、彼らは動機付けにメカニカルないしプロセス理論と実体的ないし内容的理論が存在すると指摘している。前者は、動機付けの心理的メカニズムおよびプロセスを説明することを重視する。具体的な理論として、動因理論、期待理論、公平理論がある。後者は、行動を動機づける特定の個人要因（たとえば欲求の各次元）や個人にとっての環境要因（たとえば職務特性、昇進機会、金銭報酬など）という実体を解明することを重視する。具体的な理論として、欲求理論、欲求系モチベーション理論、欲求階層説、2要因理論がある（野中他 1978, pp.312-313.）。
[2] スキル・レベルとは、必要な課業を遂行する際に、その個人が学習した熟達と定義されている（Churchill et al. 1993, p.376）。

によれば、動機付けと職務満足に関する6つの研究（合計のN＝1106）において、相関係数の平均値は0.30（95％の信頼区間：0.10＜p＜0.50）であり、調整済み相関係数の平均値は0.41（95％の信頼区間：0.14＜p＜0.68）であったと報告されている。したがって、動機付けが高い接客担当者ほど、職務に熱心に取り組み、高い成果を上げることが予測される。

そして第3番目に、適応性との関係についてであるが、適応性の概念についての詳細は後述するが、それはサービス・エンカウンター[3]の対人関係的需要に自らの行動を適応させるための接客担当者の能力と定義される（Scott and Bruce 1994 ; Hartline and Ferrell 1996）。接客担当者が自らの能力を発揮するためには低い動機付けの状態よりも高い動機付けの状態のほうが望ましいと考えられる。したがって、動機付けは、適応性にプラスの影響を想定できよう。

最後に第4番目として、離職意図との関係については、動機付けの低い接客担当者は、仕事に対する熱意は低くなり、離職を考える傾向が強くなると想定される。逆に、動機付けの高い接客担当者は、仕事に対する熱意は高く、離職を考えることは少ないであろう。ゆえに、動機付けは、離職意図にマイナスの影響を与えると予想される。

以上の先行研究の検討から次の仮説を設定した。

H1：動機付けは、(a) 適応性、(b) 職務満足、(c) 成果にプラスの影響を与え、(d) 離職意図にマイナスの影響を与える

② 権限委譲

鍵概念の権限委譲（empowerment）については、次の定義を利用する。それはマネジャーが従業員に仕事に関係する活動についての日々の決定をする裁量を与えるという状況（Bowen and Lawler 1992）。

まず第1に、適応性との関係について、Scott and Bruce (1994) が、権

---

[3] Lovelock and Wirtz (2011) は「顧客と当該サービスとの直接の相互作用が行われる一区切りの時間単位 (p.601)」と定義している。

限委譲された従業員は、権限委譲を伴う柔軟性が増加することによって、より適応的となると述べている。権限委譲と適応性の関係は、十分ではないが経験的な支持を受けている。なぜならば、適応性は従業員の自立性と意思決定の影響（Scott and Bruce 1994）と関連付けられてきたからである。同様に、Hartline and Ferrell（1996）は、接客担当者は顧客を完全に満足させるために、その場で即座に意思決定をするための柔軟性を必要とするから、権限委譲は不可欠であると指摘している。

次に第 2 番目として、役割明確性との関係について、Singh（1993）は、仕事の自律性を与えられた販売担当者や接客担当者は、役割曖昧性をより少なく経験すると指摘している。

さらに第 3 番目として、職務満足との関係について、権限委譲された従業員は、自分の仕事に前向きになり、顧客に奉仕することに熱意を感じる。その結果として、顧客のニーズに迅速に対応し、顧客満足を増加させる（Bowen and Lawler 1992）と言われている。

そして第 4 番目として、成果との関係については、職務満足と同様に、権限委譲された従業員は、自分の仕事に前向きになり、顧客に奉仕することに熱意を感じ、顧客のニーズに迅速に対応するので、結果として、成果を高めると想定することができる。

最後に、役割葛藤との関係については、接客従業員は、権限委譲されることにより仕事の自律性が与えられるので、葛藤を起こすような課題にも対応しやすくなると考えることができる。したがって、権限を委譲されることによって役割上における葛藤を軽減することが可能になるであろう。

以上の先行研究の検討から次の仮説を設定した。

H2：権限委譲は、(a) 適応性、(b) 役割明確性、(c) 職務満足、(d) 成果にプラスの影響を与え、(e) 役割葛藤にマイナスの影響を与える

③　役割明確性

役割明確性（role clarity）という鍵概念に関しては、仕事に関して必要

とされる情報がどの程度意思疎通されているかおよび仕事がどの程度理解されているかについての程度（Donnelly and Ivancevish 1975；Busch and Bush 1978）という定義を利用する。Brown and Peterson (1993)によれば、文献上は、役割曖昧性（role ambiguity）と役割明確性の間にはほとんど概念的な差異がない（裏返しの関係であるということを除けば）と指摘している。本研究では、役割明確性を役割曖昧性[4]と同次元上の概念（ただし対極にある概念）として採用することにしたい。

まず第1番目に、適応性との関係については、仕事上の役割が明確であれば、仕事は遂行しやすくなり、その結果として顧客に対応する際の適応性も向上すると考えることができる。

次に第2番目として、職務満足との関係については、Brown and Peterson (1993)のメタ分析によれば、役割明確性と職務満足に関する6つの研究（合計のN = 1153）において、相関係数の平均は0.40（95%の信頼区間：$0.20 < p < 0.60$）であり、調整済み相関係数の平均は0.49（95%の信頼区間：$0.24 < p < 0.74$）であった。役割葛藤と役割曖昧性は、ともに職務満足にマイナスの影響を与えると指摘している（Behrman and Perreault 1984; Jackson and Schuler 1985）。役割曖昧性と役割明確性は逆の関係であるから、役割明確性が高まれば、職務満足は高まると言い換えることができる。

そして第3番目に、成果との関係については、Brown and Peterson (1993)において、役割曖昧性は、成果にマイナスの影響（－0.28）を与え、職務満足にマイナスの影響（－0.33）を与え、離職意図にプラスの影響（0.18）を与えていると報告されている。したがって、役割曖昧性を役割明確性に置き換えれば、成果と職務満足にプラスの影響を与え、離職意図にマイナスの影響を与えると想定される。Churchill et al. (1985)のメタ分析では、59の研

---

[4] なお、それは「ある個人が自らの役割成果についての不確実性の程度および他者の役割期待についての不明確性の程度（Rizzo et al. 1970）」と定義されている。

究から役割知覚(role perception)と成果の相関係数については、重み付けされた相関係数の平均値が、0.294であった。

さらに第4番目として、役割葛藤との関係について、Rogers et al.(1994)は、役割明確性は役割葛藤にマイナスの影響を与えるという仮説は採択された（−0.173,p＜0.05）が、役割明確性は職務満足にプラスの影響を与えるという仮説は採択されなかったと報告している。Barry and Boles(1998)では、役割曖昧性が成果にマイナスの影響（−0.41）を与えるという仮説は採択された。また、役割曖昧性が職務満足にマイナスの影響（−0.03）を与えるという仮説も支持された。したがって、役割曖昧性を役割明確性に置き換えれば、役割明確性は成果と職務満足にプラスの影響を与えるということになる。

最後に第5番目として、離職意図との関係については、Netemeyer et al.(1990)において、役割曖昧性が職務満足にマイナスの影響を与えるという仮説、ならびに役割曖昧性が離職意図にプラスの影響を与えるという仮説がともに採択された。これらは、役割明確性が職務満足にプラスに作用し、離職意図にマイナスに作用すると言い換えることができる。

以上の先行研究の検討から次の仮説を設定した。

H3：役割明確性は、(a) 適応性、(b) 職務満足、(c) 成果にプラスの影響を与え、(d) 役割葛藤、(e) 離職意図にマイナスの影響を与える

④　役割葛藤

鍵概念である役割葛藤（role conflict）については、役割についての期待が現実の役割と矛盾するあるいは不調和である程度（Rizzo et al. 1970）という定義を用いる。

まず第1番目として、離職意図との関係については、Netemeyer et al.(1990)において、役割葛藤は、離職意図にプラスの影響を与えるという結果が見出された。

次に第2番目として、職務満足との関係については、Netemeyer et

al. (1990) において、役割葛藤は職務満足にマイナスの影響を与えるという仮説は支持された。また、Babin and Boles (1998) では、役割葛藤が職務満足へマイナスの影響（−0.27）を与えるという仮説が支持された。さらに、Brown and Peterson (1993) のメタ分析によれば、役割葛藤と職務満足に関する17の研究（合計のN = 2641）において、相関係数の平均は−0.33（95％の信頼区間：−0.62＜ p ＜−0.04）であり、調整済み相関係数の平均は−0.42（95％の信頼区間：−0.80＜ p ＜−0.04）であった。Brown and Peterson (1993) では、役割葛藤は職務満足へマイナスの影響を与えるという仮説が支持された。

そして第3番目として、成果との関係については、役割葛藤が高くなれば、職務に支障が生じ、結果として、成果は低下すると考えられる。

以上の先行研究の検討から次の仮説を設定した。

H4：役割葛藤は、(a) 離職意図にプラスの影響を与え、(b) 職務満足、(c) 成果にマイナスの影響を与える

⑤ 適応性

鍵概念の適応性（adaptability）に関しては、サービス・エンカウンターの対人関係的需要に自らの行動を適応させるための接客担当者の能力（Scott and Bruce 1994; Hartline and Ferrell 1996）という定義を使用する。適応性は、どの顧客にも同じやり方でアプローチするという決められた台本にしたがうというものからそれぞれの顧客にサービスを提供するために適応するというサービスの個人化というものまでの範囲がある（Solomon et al. 1985）。この概念は、販売管理という領域では適応的販売（adaptive selling）と同義であると考えられる。適応的販売の実行とは、相互作用の間における販売行為の実行あるいは販売状況の性質についての知覚された情報に基づいた顧客との相互作用にわたっての販売行為の実行である（Spiro and Weitz 1990）。また、この適応的販売は、スキル・レベルという概念とも類似している。Churchill et al. (1993) によれば、スキル・レベルとは、

必要な課業を遂行する際に、その個人が学習した熟達と定義されている。

まず、成果との関係については、Churchill et al.（1985）において、スキル・レベルと成果の相関係数については、重み付けされた相関係数の平均値が、0.268と報告されている。

次に、職務満足との関係については、適応性が向上すれば、職務に対して肯定的あるいは積極的な態度を形成できるようになり、職務に対する満足も向上すると想定できる。

以上の先行研究の検討から次の仮説を設定した。

H5：適応性は、（a）職務満足、（b）成果にプラスの影響を与える

⑥　成果

成果については、これを測定する方法として、客観的データか、それともセルフ・レポート尺度のどちらを使用すべきかについての議論がある。セルフ・レポート尺度については、甘く評価してしまうというアップワード・バイアスが存在すると考えられるので、望ましくないという議論がある。しかし、Churchill et al.（1985）のメタ分析によれば、セルフ・レポート尺度はマネジャーや同僚ならびに客観的な企業データと比較して、アップワード・バイアスは認められないと報告している。また、成果についての客観的データを収集することは困難な場合が多い。そこで、本研究でも、客観的データを収集することができないので、成果の測定には、セルフ・レポート尺度を用いることとした。

まず、職務満足との関係については、仕事上の成果が低い接客担当者は、自らの仕事に対して不満足の傾向が強いであろう。逆に、仕事上の成果を上げている接客担当者は、自らの仕事に対して満足をしていると想定することができる。ゆえに、成果は、職務満足に対してプラスの影響があると考えられる。Brown and Peterson（1993）のメタ分析によれば、成果と職務満足に関する29の研究（合計のN＝7621）において、相関係数の平均は0.13（95％の信頼区間：$0.07 < p < 0.19$）であり、調整済み相関係数の平均は0.15（95％

の信頼区間：0.08＜p＜0.22）であった。

次に、離職意図との関係については、一般的に、仕事上の成果を上げられなければ、仕事に対しての不満が募るであろうし、離職を考えることにもつながると言えよう。

以上の先行研究の検討から次の仮説を設定した。

H6：成果は、(a) 職務満足にプラスの影響を与え、(b) 離職意図にマイナスの影響を与える

⑦ 職務満足と離職意図

職務満足と離職意図との関係については、Netemeyer et al.（1990）において、職務満足は離職意図にマイナスの影響を与えるという仮説は支持された。また、Babin and Boles（1998）においても、職務満足は離職意図にマイナスの影響（－0.44）を与えるという仮説は支持された。さらに、Brown and Peterson（1993）のメタ分析によれば、離職意図と職務満足に関する19の研究（合計のN＝3992）において、相関係数の平均は－0.36（95％の信頼区間：－0.54＜p＜－0.18）であり、調整済み相関係数の平均は－0.46（95％の信頼区間：－0.66＜p＜－0.26）であった。

以上の先行研究の検討から以下の仮説を設定した。

H7：職務満足は、離職意図にマイナスの影響を与える

さて、これまでの7つの仮説を図示すると、**図表2-1**のIMの基本モデルとなる。このIMの基本モデルを用いて、次章から実証研究を進めていくが、その前に、IMにおける市場細分化について言及したい。前述したように、本研究のIMの定義においては、IMの対象は従業員ではなく標的従業員としている。単に従業員ではなく標的従業員とした理由は、企業内部の市場は、1つではなく、いくつかのセグメントの集合であるととらえるべきであるという考え方に立脚しているからである。この点について次節で説明することにしたい。

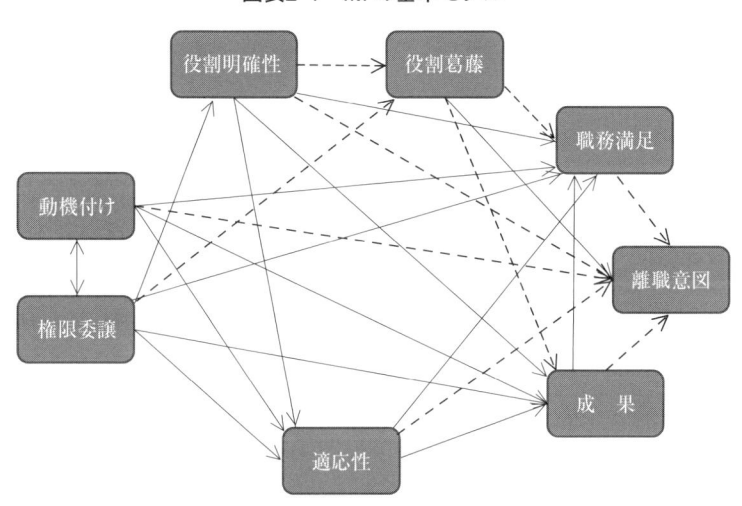

図表2-1　IM の基本モデル

なお、実線はプラスの影響、破線はマイナスの影響を表している。
出所：高橋（2010），p.113に加筆修正

第3節　IM における市場細分化

第1項　市場細分化の考え方

　IM はマス・マーケティングの考え方に立脚するのではなく、市場細分化の考え方に立脚すべきである。周知のように、マス・マーケティングにおける前提は、消費者は大衆であり、その好みやニーズは同一であるというものであった。フォード社の T 型フォードがその典型的な例と言われている。このような消費者の同質性に立脚するマス・マーケティングだけでなく、消費者の異質性に基礎を置くマーケティングが社会的に要請されるようになった。そこで導入された考え方が市場細分化であった。Smith（1956）は、代替的なマーケティング戦略として、製品差別化と市場細分化を取り上げている。彼は、製品差別化は需要を供給側の意思の方向に向けるのに対して、市

場細分化は市場の需要面を開発することを基礎に消費者もしくはユーザーのニーズに向けて製品やマーケティング努力を合理的にかつ明確に適合させることであると説明している。その後、非常に多くの研究が蓄積され、現代のマーケティングの中心理論の1つとなっている。これまでのIMの研究では、従業員を内部顧客と言い換えることはあっても内部顧客の細分化が提唱されることはほとんどなかったと言える。

具体的には、市場細分化とは、市場を何らかの基準でいくつかに分割することである。これらの分割された市場は市場セグメントと呼ばれる。したがって、市場セグメント内はある程度の同質性を持つ一方で、セグメント間は基本的には異質である。現代では、市場細分化は、マーケティングにおける中核的な理論となっているが、その理由としては次の2点を指摘できるであろう。第1に、市場細分化は、消費者志向というマーケティング理念を実践するものであること、第2に、市場細分化は、当該企業の差別的優位性を発揮するための競争空間を明らかにするものであること、である。

第2項　従業員志向を実践するための市場細分化

IMにおいては、第1の理由から市場細分化が採用されるであろう。なぜならば、IMでは、従業員を顧客と見なしてマーケティングを展開することが基本的な理念となっているからである。従業員の職務に対するニーズが多様化している状況では、そのニーズを充足させて職務満足を高めるためには、従業員をいくつかのセグメントに分けることが不可欠と言える。

この市場セグメントを区分する際に、まず利用されるのは人口統計学的基準である。その代表的な人口統計学的基準としては、年齢、性別、婚姻などが挙げられる。これと同様に、従業員を人口統計学的基準で細分化することは意義があると考えられる。また、職務内容による従業員の細分化は必要であろう。すなわち、接客を主な仕事とする従業員と研究開発を職務とする従業員では、職務に対するニーズは異なっていると想定される。同様に、職位

による細分化は、IMを行う上で不可欠と言えるかもしれない。なぜならば、部下を管理する職能を課された中間管理者と一般社員は、動機付けや権限委譲についての考え方が異なることが予測されるからである。加えて、雇用形態による細分化も重要であろう。具体的には、正規雇用者向けのIMと非正規雇用者向けのIMには違いがあると考えられる。

これまでの伝統的な日本社会においては、夫である男性が社会で働き、妻である女性は家庭で家事や子育てをするという役割分担が存在していた。そこでは、社会における男性の仕事に対するニーズはかなりの程度同質であったと想像される。基本的には家族の生活を維持するために働くというものであったと言えよう。しかし現代では、ライフスタイルは多様化した。たとえば、単身世帯が増加したり、主婦がパートに出かけたりするようになってきている。また、非正規雇用が増加している。このように、ライフスタイルが異なる従業員は、仕事に対するニーズは異なっていると考えるべきであろう。

このように、有効な基準をもとに市場細分化を行った上で、IMを展開することが現代では求められているのではないだろうか。より具体的に言えば、正規雇用者というセグメントのみを標的とする集中型のIMを展開するのか、それとも男性と女性の2つのセグメントを標的として差別化したIMを展開するのか、を選択する必要があるかもしれない。さらには、従業員1人1人を標的としたワンツーワン（One to one）型のIMが必要となる場合もあるかもしれない。いずれの場合でも、市場細分化に立脚したIMは、細分化をしないIMよりも当該企業により大きな成果をもたらすであろうことが期待される。なぜならば、標的従業員はより高い職務満足と成果を生み出しつつ、その職場にとどまろうとするからである。

いずれにしても、これまでのIM研究において、市場細分化を前提とした研究は性別を除くと非常に限定的である。これに対して、本研究におけるIMの定義では、標的従業員という概念が提示されている。これは本研究の特質の1つであるが、この市場細分化に基づいた標的従業員という考え方に

立脚して、以下の章では、IMに関する分析を行うことにする。

第4節 結語

　本研究のIMの定義の特徴は、職務満足だけではなく、成果や離職回避も目的として設定されていること、操作可能なマーケティング・ミックス要素を明示する形で定義されていること、それに市場細分化の考え方に立脚していることである。また、その定義で採用されている重要な構成概念についても考察を加えた。それらは、動機付け、権限移譲、役割明確性、役割葛藤、適応性などである。それらの概念は、これまでに発表された多くの有用な実証研究の成果を生み出す際に、使用されてきたものである。それらの先行研究を参考にしつつ、本研究における仮説群を構築した。

　本研究で採用されているIM基本モデルは、研究目的に応じて重要な構成概念を追加することができるという点で、操作性が高い。接客担当者などの外部市場と組織の境界的な位置で職務を遂行する従業員ばかりでなく、組織内部で職務を行う従業員に対しても適用できるという利点を有している。

　IMにおける市場細分化の意義についても考察を加えた。すなわち、従業員志向を実践するための市場細分化という観点からIMにおける市場細分化の意義を検討した結果、標的従業員という概念は、従業員自身にとっても企業にとっても有益な概念であることが明らかになった。

　次章以降では、本研究のIMの定義に基づいて、基本モデルを用いて設定されたIMの仮説群に関する検証を進めていくことにしたい。

第3章

接客担当者向けインターナル・マーケティングの理論

第1節　序

本章では、接客担当者向けのIMについて考察を加える。前出の「標的の性質によるIMの分類図式」で整理をすると、**図表3-1**の①のセルに位置づけることができるであろう。つまり、接客担当者は、組織と市場の境界に位置して、勤務する企業との関係は相対的に短期の場合が多いと言える。我が国でも、短時間勤務のパート社員の活用は、小売業やサービス業の企業で進んでいる[1]（今野・佐藤 2002）。

IMを実施する際に、これまでの製造業のマーケティング・ミックス（製品・価格・流通・プロモーション）をそのまま利用することは困難である。なぜならば、サービスは、生産と消費が同時に発生するという特性があるので、

図表3-1　標的の性質による分類図式

関係の長さ ＼ 組織上の位置	境界的	中心的
短期的	①	②
長期的	③	④

---

[1] 「だが、それ以外の多様な業種にも浸透している。また、パート社員の活用は、量的な増大だけでなく、活用業務が補助的なものから基幹的なものへと質的にも拡大してきている。つまり、パート社員の戦略化や基幹労働者の進展である。企業の人材活用において、正社員のみならずパート社員などの非正社員や外部人材の活用のあり方が、企業の競争力を左右する状況となっている」と今野・佐藤（p.312）は指摘している。

在庫して需要の変化に対応するという流通機能を利用することができないからである。たとえば、需要が最も高いピークシーズンでもホテルは部屋を在庫しておくことができない。

また、Booms and Bitner（1981）が提唱したサービス・マーケティング・ミックス（7P[2]）をそのまま利用することもできないであろう。なぜならば、それは顧客に向けて展開するマーケティングであって、組織内部の従業員を対象としたものではないからである。無名の顧客は存在しても無名の従業員は存在しない。

George and Grönroos（1991）は、IM過程の構成要素として、①トップの支援、②教育訓練、③内部コミュニケーション活動、④労務管理、⑤対外的な活動の5つを挙げている。しかしながら、これら5つの要素は領域、レベル、あるいは操作可能性などの点で異なっている。たとえば、労務管理の一環として教育訓練が実施されることがある。したがって、それらをミックスすることは実際上不可能であろう。そこで、本章は、IMの有効なミックスを吟味するために、サービス業の領域でIMについての実証研究を試みることとする。

そこでまず、サービス業における接客担当者の役割を確認するために、代表的なモデルとして、サーバクション・モデル、成功と失敗のサイクル、それにサービス・プロフィット・チェーンを概観する。次に、本研究におけるIMの定義を再提示し、IMのミックスと想定される要素間の関係を示す仮説ならびに分析枠組みを設定する。そして、接客担当者から収集したデータに対して共分散構造分析を行い、仮説を検証する。その上で、IMの目的とミックスの関係について効果分析を用いて明らかにする。最後に、まとめを示すこととする。

---

[2] 4Pに参加者（participants）、物的環境（physical evidence）、サービスの組み立て過程（process of service assembly）の3つのPを加えたもの。

第2節 サービス研究の主要な概念モデルにおける接客担当者の役割と重要性

　サービスは人が中心となるビジネス（people business）であると言われている（Sasser and Arbeit 1976）。したがって、有能な人材の採用、育成、それに維持は、サービス・マーケティングの重要な課業と言える。そもそもなぜ接客担当者は重要なのかという問いに対して、Fisk et al.(2008)は、「サービス従業員の行動と外見は、顧客の視線にさらされているからである。製品の場合はそうではない。顧客は、CDプレーヤーを組み立てている従業員の外見や振る舞いを気にする理由はない。逆に、顧客と相互に作用しているサービス従業員は、サービスに不可欠な部分であり、顧客のサービス評価にとって重要な要素である（pp.81-82）」と説明している。

第1項　包括的モデル

　この接客担当者の役割と位置づけを明示した枠組みとして、Eiglier and Langeard（1977）のサーバクション（servuction）・モデルがある。サービスとプロダクションを組み合わせた造語で、顧客から見える可視的な要素と

図表3-2　サーバクション・モデル

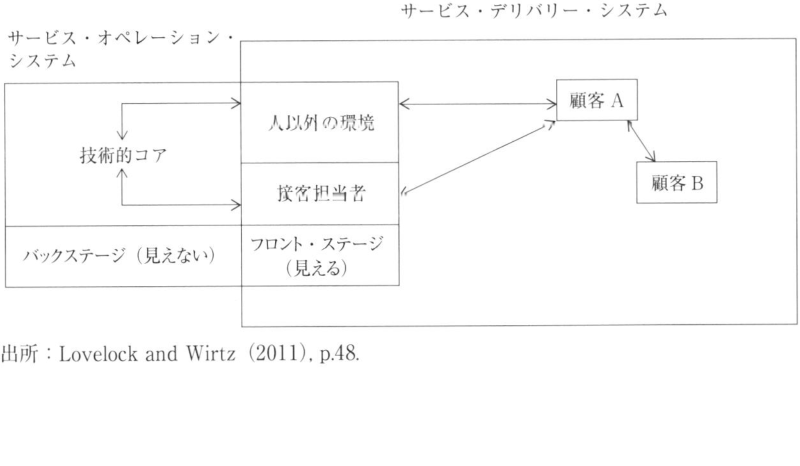

出所：Lovelock and Wirtz（2011），p.48.

顧客からは見えない不可視的な要素から構成されるシステムとして提示された枠組みである。

　Lovelock and Wirtz（2011）では、サーバクション・モデルは、インプットが処理され、サービス・プロダクト[3]の各要素が生み出される不可視的なサービス・オペレーション・システムとサービス・プロダクトの各要素の最終的な組み立てがなされ、サービス・プロダクトが顧客に提供される可視的なサービス・デリバリー・システムという2つのシステムから構成されている。彼らはそれらを次のように説明している。すなわち、「顧客はサービス・エンカウンター[4]の間、サービス環境、サービス従業員、それにそこにいる他の顧客とも相互作用をしている。相互作用のそれぞれのタイプが価値を創造（たとえば、愉快な環境、フレンドリーで有能な従業員、興味深く見守る他の顧客）することもあれば、価値を破壊（映画館であなたの視界を遮る他の顧客）することもある（p.48）」と。

　サーバクション・モデルにおいて、価値を創造できるか、それとも価値を破壊するかは、1つの要因で決まるわけではないが、サービス従業員は、重要な要因の1つであることは間違いないであろう。

第2項　連鎖的モデル

　他方、連鎖という観点を重視したものに、Schiesinger and Heskett（1991）が提唱した「サービス業における失敗サイクルと成功サイクル」がある。まず、サービス従業員に関する失敗サイクルは、次のようなプロセスを辿るという。①低いレベルに対応した狭い職務設計→②品質管理のために技術の利用→③低賃金→④最低限の採用努力→⑤最低限の訓練→⑥従業員の意欲の低

---

[3]　サービス・プロダクトは、コア・プロダクト要素と補完的サービス要素（コア・プロダクト要素を使用しやすくするための行為やベネフィットの提供）に区分される（Lovelock and Wirtz 2011）。

[4]　顧客と当該サービスとの直接の相互作用が行われる一区切りの時間単位（Lovelock and Wirtz 2011, p.601）。

下→⑦従業員の不満足、サービス態度の悪化→⑧高い離職率、サービス品質の低下→⑨利益率の低下→①低いレベルに対応した狭い職務設計、というサイクルである。

他方、サービス従業員に関する成功サイクルは、①広範な職務設計→②品質管理をするための従業員の訓練、人的資源管理、それに権限委譲→③平均以上の高賃金→④採用努力の強化→⑤十分な訓練→⑥従業員の満足、積極的なサービス態度→⑦低い離職率、高いサービス品質→⑧利益率の向上→①広範な職務設計、というプロセスと辿るという。

2つのサイクルのいずれになるか、すなわち成功と失敗を分けるのは、①職務設計、②採用、③賃金、④従業員への投資（訓練・人的資源管理）、それに権限移譲、であることがわかる。

このサービス業における失敗サイクルと成功サイクルをより精緻化したモデルが、Heskett et al.（1994）のサービス・プロフィット・チェーンである。

図表3-3　サービス・プロフィット・チェーン

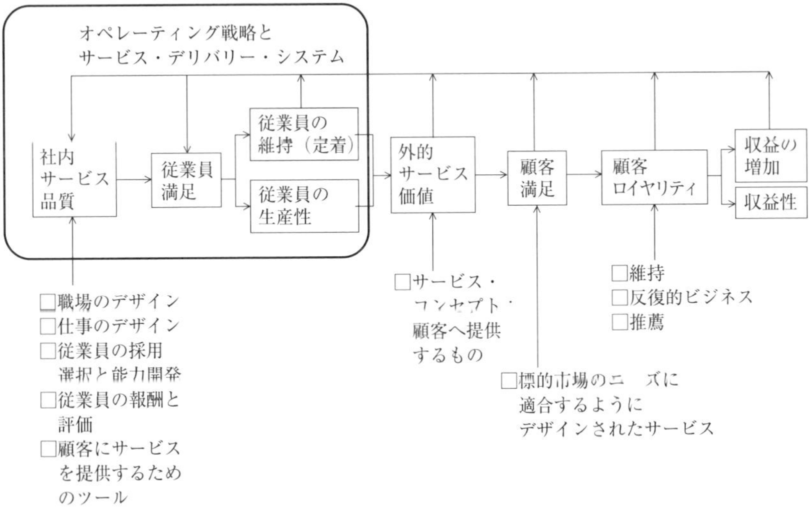

出所：Heskett et al.（1994）, p.166.

それは、サービス企業のオペレーションがうまく機能すれば、収益をもたらすという連鎖を描いたモデルである。

ここで注目したい部分は、その起点である。起点である「社内サービス品質」の形成に影響する要因として、①職場のデザイン、②仕事のデザイン、③従業員の選抜・採用・能力開発、④従業員の報酬と評価、⑤顧客にサービスを提供するためのツール、が挙げられている。IM という用語は見当たらないが、内容としては接客担当者に向けての IM に該当すると考えることができるであろう。

以上のように、多くのサービスは、顧客と接客担当者の相互作用のプロセスそのものである（Fisk et al. 2008）。つまり、接客担当者は、ある意味で、サービス業におけるビジネスの失敗と成功を分ける鍵を握っていると言っても過言ではない。したがって、この接客担当者に向けての IM は、非常に重要なのである。

さて、次の節では、サービス・マーケティングにおいて重要な役割を担っている接客担当者に向けての IM について実証的な分析を行うことにする。

第3節　調査方法

第1項　定義と仮説

ここで、調査に先立ち、本研究における IM の定義を確認するために再掲する。IM とは、標的従業員に対して、動機付け、権限委譲、役割明確性などの手段を有効に行使して、標的従業員の職務満足と成果を向上させることおよび離職を避けることを目的とするマーケティング活動である（高橋 2010, p.107）。

この定義における IM のミックス手段である動機づけ・権限移譲・役割明確性などと IM の目的である職務満足の向上・成果の向上・離職意図の低減との関係は、次の7つの仮説として提示されている。

H1：動機付けは、(a) 適応性、(b) 職務満足、(c) 成果にプラスの影響を与え、(d) 離職意図にマイナスの影響を与える

H2：権限委譲は、(a) 適応性、(b) 役割明確性、(c) 職務満足、(d) 成果にプラスの影響を与え、(e) 役割葛藤にマイナスの影響を与える

H3：役割明確性は、(a) 適応性、(b) 職務満足、(c) 成果にプラスの影響を与え、(d) 役割葛藤、(e) 離職意図にマイナスの影響を与える

H4：役割葛藤は、(a) 離職意図にプラスの影響を与え、(b) 職務満足、(c) 成果、(d) 適応性にマイナスの影響を与える

H5：適応性は、(a) 職務満足、(b) 成果にプラスの影響を与える

H6：成果は、(a) 職務満足にプラスの影響を与え、(b) 離職意図にマイナスの影響を与える

H7：職務満足は、離職意図にマイナスの影響を与える

第2項　サンプルとデータ収集

接客担当者からのデータを収集するために、インターネット調査[5] を利用した。実施は2003年3月で、回収数は500であった。回答者の人口動態的属性は以下のとおりである。性別については、男性＝37.8％、女性＝62.2％である。婚姻については、未婚＝56.0％、既婚＝44.0％である。年齢については、平均値＝36.12、標準偏差＝9.626である。年代の分布は、10代＝0.8％、20代＝29.2％、30代＝36.8％、40代＝24.0％、50代＝7.2％、60代以上＝2.0％である。地域については、北海道・東北＝11.4％、関東＝38.2％、北陸・甲信越＝5.4％、東海＝9.6％、近畿＝21.6％、中国＝4.2％、四国＝1.8％、九州・沖

---

[5] 標本抽出の代表性という観点では問題を抱えているが、調査上のメリットから利用した（井上 2007）。郵送法と比較すると、予算が軽減でき、調査対象を絞り込みやすく、短期間で実施できるなどのメリットからインターネット調査を利用した。なお、小川（2009）は、「統計的なサンプリングを議論することは、もはや現実的な意味を失っている。それよりもネット調査による統計的な標本バイアスを修正する方法を探索することがリサーチの課題としては大切になってきている」と指摘している。

縄=7.8%である。

第3項　構成概念の信頼性と相関関係

構成概念の信頼性については、信頼性分析を行い、クロンバックα信頼係数は以下のとおりの結果となった。一定の信頼性を確保していると言えよう。また、構成概念間の相関は**図表3-4**のとおりである。

図表3-4　構成概念の信頼係数と構成概念間の相関表

	項目数	α係数	動機付け	権限委譲	役割明確性	役割葛藤	適応性	成果	職務満足
動機付け	7	0.813							
権限委譲	7	0.869	0.327						
役割明確性	6	0.831	0.153	0.466					
役割葛藤	8	0.886	−0.007	−0.022	0.194				
適応性	10	0.758	0.169	0.403	0.506	0.074			
成果	6	0.908	0.121	0.467	0.47	0.07	0.419		
職務満足	8	0.861	0.377	0.469	0.278	−0.282	0.197	0.05	
離職意図	4	0.808	−0.463	−0.256	−0.126	0.353	−0.133	−0.163	−0.355

第4節　分析、結果、議論

第1項　分析と結果

共分散構造分析[6]を用いて前述の仮説の検証を行った。まず、仮説モデルの適合度は以下のようになった（**図表3-5**参照）。

---

6 「共分散構造分析はものごとの因果関係を統計的に分析する手段の1つである。とくに社会科学の分野における現象の因果関係を統計的に明らかにすることに効果的である。これらの分野では、直接計測のできない概念が多く扱われる。いわゆる構成概念である。共分散構造分析は、このような構成概念の間の因果関係を明らかにする。自由にモデルを設定し、これを検証し、数値的に明確に関係の程度を表すことができるので、因果関係の分析には大変有効である（山本・小野 1999, p.i）」

図表3-5　仮説モデルの適合度

カイ2乗	自由度	有意確率	GFI	AGFI	RMSEA	NFI	RMR	CFI
3482.44	1451	0.000	0.791	0.770	0.053	0.778	0.179	0.856

　仮説モデルは、カイ2乗＝3482.44、自由度＝1451、有意確率＝0.000となった。カイ2乗検定からは、モデルは棄却されることになる。しかし、モデルが複雑である場合や標本数が多い場合は棄却されることがあり[7]、今回はこれに該当すると考えられる。そこで、次の適合度指標を用いて仮説モデルの適合度を見ることにする[8]。GFI（Goodness of Fit Index）[9] ＝0.791（0.9以上で適合、ただし変数が多い場合は越えなくてもよい）、AGFI[10]（Adjusted Goodness of Fit Index）＝0.770、RMSEA[11]（Root Mean Square Error of Approximation）＝0.053（0.05以下⇒適合；0.10以上⇒不適）、NFI[12]（Normal Fit Index）＝0.778（0.0～1.0の値をとり1.0に近いほど適合が良い）、RMR[13]（Root Mean Square Residual）＝0.179（0.0に近いほど適合度が良い）、CFI[14]（Comparative Fit Index）＝0.856（0.0～1.0の値をとり1.0に近いほど適合が良い）となった。仮説モデル適合度は高いとは言えないが許容できる範囲と言えよう。

　次に、仮説の検証結果を以下の**図表3－6**に示す。

---

[7] 豊田（2003）および朝倉他（2005）を参照。
[8] 豊田（2003）を参照。
[9] モデルがデータの分散共分散行列をどの程度再現できているかを指標化したもの（豊田 2003）。
[10] GFIはその定義上、推定させる母数が多い（自由度が小さい）と無条件に値が大きくなる傾向があるので、このバイアスを修正するためにGFIに対して自由度による補正を加えたもの（豊田 2003）。
[11] 1自由度当たりの乖離度の大きさを評価する指標（豊田 2003）。
[12] 分析モデルの乖離度が独立モデルの乖離度から何％減少したかを示す指標（豊田 2003）。
[13] GFIとは逆に、モデルによって説明できなかったデータの分散の大きさを指標化したもの（豊田 2003）。
[14] 独立モデルと分析モデル双方の自由度を考慮した上で乖離度の比較を行う指標（豊田 2003）。

図表3-6 仮説の検証結果

仮説番号	仮説			符号	標準化推定値	有意水準
H1a	動機付け	→	適応性	（＋）	0.041	n.s.
H1b	動機付け	→	職務満足	（＋）	0.241	＊＊＊
H1c	動機付け	→	成果	（＋）	－0.043	n.s.
H1d	動機付け	→	離職意図	（－）	－0.408	＊＊＊
H2a	権限委譲	→	適応性	（＋）	0.201	n.s.
H2b	権限委譲	→	役割明確性	（＋）	0.466	＊＊＊
H2c	権限委譲	→	職務満足	（＋）	0.39	＊＊＊
H2d	権限委譲	→	成果	（＋）	0.294	＊＊＊
H2e	権限委譲	→	役割葛藤	（－）	－0.143	＊
H3a	役割明確性	→	適応性	（＋）	0.406	n.s.
H3b	役割明確性	→	職務満足	（＋）	0.231	＊＊＊
H3c	役割明確性	→	成果	（＋）	0.244	＊＊＊
H3d	役割明確性	→	役割葛藤	（－）	0.26	＊＊＊
H3e	役割明確性	→	離職意図	（－）	－0.059	n.s.
H4a	役割葛藤	→	離職意図	（＋）	0.346	＊＊＊
H4b	役割葛藤	→	職務満足	（－）	－0.299	＊＊＊
H4c	役割葛藤	→	成果	（－）	0.016	n.s.
H5a	適応性	→	職務満足	（＋）	0.01	n.s.
H5b	適応性	→	成果	（＋）	0.183	n.s.
H6a	成果	→	職務満足	（＋）	－0.253	＊＊＊
H6b	成果	→	離職意図	（－）	－0.106	＊
H7	職務満足	→	離職意図	（＋）	－0.082	n.s.

＊＊＊ ＝ p＜0.001, ＊＊ ＝ p＜0.01, ＊ ＝ p＜0.05

　まず第1に、動機付けを先行変数とする仮説1については、(H1b) 職務満足へのプラスの影響と (H1d) 離職意図へのマイナスの影響の仮説が支持されたが、(H1a) 適応性へのプラスの影響と (H1c) 成果へのプラスの影響は支持されなかった。

　第2に、権限委譲を先行変数とする仮説2については、(H2b) 役割明確性へのプラスの影響、(H2c) 職務満足へのプラスの影響、(H2d) 成果への

プラスの影響、それに（H2e）役割葛藤へのマイナスの影響のいずれの仮説も支持されたが、（H2a）適応性へのプラスの影響は支持されなかった。

第3に、役割明確性を先行変数とする仮説3については、（H3b）職務満足へのプラスの影響、（H3c）成果へのプラスの影響は支持された。一方、（H3a）適応性へのプラスの影響と（H3e）離職意図へのマイナスの影響の仮説は支持されなかった。なお、（H3d）役割葛藤へはマイナスの影響を仮定していたが、仮定とは逆に有意なプラスの影響が認められた。

第4に、役割葛藤を先行変数とする仮説4は、（H4a）離職意図へのプラスの影響は支持された。また、（H4b）職務満足へのマイナスの影響も支持された。他方、（H4c）成果へのマイナスの影響という仮説は支持されなかった。

第5に、適応性を先行変数とする仮説5については、（H5a）職務満足のプラスの影響と（H5b）成果へのプラスの影響は共に支持されなかった。

第6に、成果を先行変数とする仮説6については、（H6b）離職意図にマイナスの影響は支持された。なお、（H6a）職務満足へのプラスの影響という仮説は、仮定とは逆の有意なマイナスの影響が支持された。

第7に、職務満足は、離職意図にマイナスの影響を与えるという仮説7は、支持されなかった。

以上を要約すると、支持された仮説は、H1b、H1d、H2b、H2c、H2d、H2e、H3b、H3c、H4a、H4b、H6bであり、仮説とは逆の有意な影響が認められたものは、H3d、H6aであった。

第2項　議論

以上の分析結果から次の3点を指摘したいと思う。

まず、第1に、第1章で提示したIMの基本モデルは、一定の有用性を有していることが経験的に確かめられた。つまり、IMの目的である職務満足と成果の向上を達成するために、動機付け、権限委譲、それに役割明確性は、

IMの手段として有効と言える。これまでのIMの議論では、従業員が満足する可能性のある職務という製品を提供することしか明示されてこなかった。これに対して、今回の分析結果から、接客担当者へのIMにおいて管理者が統制可能な手段を明示できたことは意義があると言えよう。特に、権限委譲は、これまでのサービス・マーケティングの領域で重要視されてきたが、最も有効な手段の1つであることが明らかとなった。それは、直接的な影響ばかりでなく、間接的な影響も有している。具体的に言えば、職務満足への直接的影響に加えて、役割明確性を通しての間接的な影響があり、かつ、成果への直接的な影響に加えて、適応性を通しての間接的な影響も存在しているのである。

第2に、成果は職務満足にプラスの影響がなかった点である。

前述の成功サイクルでは、職務満足は顧客満足を高め、その結果として高い成果が得られるという因果を想定している。また、サービス・プロフィット・チェーンでも職務満足が顧客満足を向上させるという関係を想定している。しかし、Brown and Peterson（1993）では、「共通の先行変数の影響が統制された時、成果と職務満足は直接的な因果関係がなかった（p.72）」という報告もある。今回の分析結果では、有意なマイナスの影響が認められた。この関係についてはさらなる研究が必要であると考えられるが、この分析結果から、それぞれ独立したものととらえ、IMの目的として職務満足のみを掲げるのではなく、成果もIMの別の目的として設定することが必要であると言えよう。

最後に、職務満足が離職意図にマイナスの影響を与えなかったという点である。これも、成功サイクルやサービス・プロフィット・チェーンで想定している職務満足が高い人は離職の意図は低くなるという因果関係から逸脱するものであった。今回の分析結果では、職務満足あるいは成果のいずれでもなく、動機付けが離職意図を低くする有意な影響があることが示された。さらに、役割葛藤が離職意図を高める有意な影響があることも明らかとなっ

た。もし、成果および職務満足が離職意図に影響を与える可能性が低いのであれば、IMの別の目的として、離職意図を下げることを掲げることが必要となると言える。もちろん、一般化のためにさらなる研究が不可欠であることは言うまでもないことである。

第5節　効果分析

本研究のIMの定義では、IMの目的として、3つ提示されている。すなわち、①成果向上、②職務満足向上、それに③離職回避である。いずれを目的とする場合でも、IMミックスのあり方は同一でよいのであろうか。それともIMの目的ごとに最適なミックスのあり方は異なるのであろうか。この節では、IMの目的ごとのミックスのあり方について検討をする。そのために、IMミックスのそれぞれの要因の直接効果と間接効果を算出して、それらを合計した総合効果[15]を提示して、分析を行うことにする。

図表3－7は、直接効果を算出したものである。初めに、接客担当者における直接効果を見ることにする。まず、成果を目的とした場合には、権限委

図表3-7　標準化直接効果

	権限委譲	動機付け	役割明確性	適応性	役割葛藤
役割明確性	0.466	0	0	0	0
適応性	0.201	0.041	0.406	0	0
役割葛藤	−0.143	0	0.26	0	0
成果	0.294	−0.043	0.244	0.183	0.016
職務満足	0.39	0.241	0.231	0.01	−0.299
離職意図	0	−0.408	−0.059	0	0.346

[15] 豊田（1998）では、「直接効果は、当該予測変数以外の変数を一定にしたという条件の下で、当該予測変数を1単位上昇させたときの基準変数の変化の期待値。総合効果は、モデル中の外生変数をすべて一定にし、そこから該当予測変数を1単位上昇させ、その影響を他の変数に波及させたときの基準変数の変化の期待値。間接効果は、総合効果と直接効果の差（p.193）」と定義されている。

譲が最も効果が高く (0.294)、2番目に役割明確性 (0.244)、3番目に適応性 (0.183) という順位になっている。次に、職務満足を目的とした場合にも、権限委譲が最も効果が高く (0.39)、2番目に役割葛藤 (-0.299)、3番目に動機付け (0.241) という順位になっている。最後に、離職意図の低減を目的とした場合には、動機付けが最も効果が高く (-0.408)、2番目に役割葛藤 (0.346)、3番目に役割明確性 (-0.059) という順位になっている。

次に、図表3-8は、間接効果を算出したものである。接客担当者への間接効果を見ること、まず、成果を目的とした場合には、権限委譲が最も効果が高く (0.185)、2番目に役割明確性 (0.078)、3番目に動機付け (0.008) という順位になっている。次に、職務満足を目的とした場合には、役割明確性が最も効果が高く (-0.155)、2番目に適応性 (-0.046)、3番目に動機付け (0.009) という順位になっている。最後に、離職意図の低減を目的とした場合には、権限委譲が最も効果が高く (-0.117)、2番目は役割明確性 (0.05)、3番目が役割葛藤 (0.023) という順位になっている。

最後に、直接効果と間接効果を合成した接客担当者における総合効果を算出したものが図表3-9である。まず、成果を目的とした場合には、権限委譲が最も効果が高く (0.479)、2番目に役割明確性 (0.322)、3番目に適応性 (0.183) という順位になっている。次に、職務満足を目的とした場合には、権限委譲が最も効果が高く (0.387)、2番目に役割葛藤 (-0.303)、3番目に動機付け (0.251) という順位になっている。最後に、離職意図の低減を

図表3-8　標準化間接効果

	権限委譲	動機付け	役割明確性	適応性	役割葛藤
役割明確性	0	0	0	0	0
適応性	0.189	0	0	0	0
役割葛藤	0.121	0	0	0	0
成果	0.185	0.008	0.078	0	0
職務満足	-0.003	0.009	-0.155	-0.046	-0.004
離職意図	-0.117	-0.017	0.05	-0.017	0.023

目的とした場合には、動機付けが最も効果が高く（−0.424）、2番目に役割葛藤（0.37）、3番目に権限委譲（−0.117）という順位になっている。

以上の内容をまとめたものが**図表3−10**である。IMの目的によって、有効なIMミックスのあり方は同一ではないことが判明した。つまり、接客担当者を対象としたIMの場合では、成果と職務満足を目的としたIMミックスは権限委譲を中心とし、離職意図の低減を目的としたIMミックスは動機付けを中心とすることが有効であると言える。

図表3-9　標準化総合効果

	権限委譲	動機付け	役割明確性	適応性	役割葛藤
役割明確性	0.466	0	0	0	0
適応性	0.39	0.041	0.406	0	0
役割葛藤	−0.022	0	0.26	0	0
成果	0.479	−0.036	0.322	0.183	0.016
職務満足	0.387	0.251	0.075	−0.036	−0.303
離職意図	−0.117	−0.424	−0.009	−0.017	0.37

図表3-10　目的別 IM ミックスのあり方

順位＼目的	成果	職務満足	離職回避
1位	権限委譲	権限委譲	動機付け
2位	役割明確性	役割葛藤	役割葛藤
3位	適応性	動機付け	権限委譲

第6節　結語

まず第1に、IMの基本モデルに、接客担当者のデータを当てはめて分析した結果、IMの基本モデルは、一定の有用性を有していることが確認された。また、このIMの基本モデルは、他のセグメントに対しても適用でき、汎用性を有していると考えられる。そこで、他のセグメントへの適用可能性

については、次章以降で、検討することとしたい。

　次に、職務満足は顧客満足（成果）を生み出すとともに、離職を回避するという規範的研究が提唱している論理は、今回の経験的検討ではあてはまらないという結果となった。すなわち、職務満足から離職意図への統計的に有意なマイナスの影響は、確認されなかった。さらに、成果から職務満足への統計的に有意なマイナスの影響が確認された。Brown and Peterson (1993) の研究でも有意なプラスの関係は確認されていないと報告されている。これをもって、規範的な研究が提唱する論理が否定されるものではないが、さらなる実証研究が必要であろう。

　第3に、IMの目的が異なれば、有効なIMミックスのあり方は異なることが確認された。IMの目的によって、有効なIMミックスのあり方は同一ではないことが判明した。つまり、接客担当者を対象としたIMの場合では、成果と職務満足を目的としたIMミックスは権限委譲を中心とし、離職意図の低減を目的としたIMミックスは動機付けを中心とすることが有効であることが明らかとなった。

　接客担当者の細分化を行った上でのIM研究が不可欠と言える。具体的には、男性と女性、未婚と既婚、年代などの人口動態的な変数による細分化されたターゲットごとのIMのあり方を探ることは重要であろう。また、接客担当者の雇用形態別の分析、すなわち、正規雇用者と非正規雇用者に分けた分析にも取り組む必要があろう。これらの点については次章以降で分析を加えていくことにしたい。

第4章

営業担当者向け
インターナル・マーケティングの理論

第1節　序

　サービス研究の領域で生成したIMの概念を、製造業者も利用しようとする動き（小森・名和 2001）も見られる。だが、前章までで検討を加えたモデルは、いずれもサービス業を前提としており、調査対象として接客担当者を設定していた。

　本章では、これまでの研究を踏まえて、販売員（salesperson）[1]を対象としたIMについて検討を加えることとしたい。つまり、接客担当者を対象として生まれたIMが、営業担当者に対しても有効かどうかを実証的に解明することが本稿の目的である。

　販売員は接客担当者と同じように、直接的に顧客など外部環境と接触する位置で活動する役割を担っている。Churchill et al. (1993) は、販売員の境界的位置（boundary position）について、販売員は、自らの企業の境界の位置を占めているので、企業の他の構成員よりも役割葛藤を経験することが多く、たとえば、顧客からの要求と企業の目標や制約などとの間にはしばしば葛藤が生じると説明している。また、Rafiq and Ahmed (2000) は、販売員と接客担当者の状況は類似しているので、産業財のビジネスにおける販

---

[1] 所与のテリトリーもしくは店内のいずれかで商品もしくはサービスを販売するために雇われた人（徳永 1995）。

売員の職務満足とその先行要因に関する実証研究は、サービス業における職務満足とその先行要因に関して研究を行う際に、有用であると指摘している。これらの内容から明らかなように、これら境界的位置における行動は、前述のサービス業における接客担当者ばかりでなく販売員にも当てはまると言えよう。

そこで本章ではまず、IM の対象となる販売員における成果の決定因モデルを概観する。これは販売員への IM を考える際に、基盤となるモデルであると位置づけることができよう。次に、IM の基本モデルが営業担当者にも当てはまるかどうかを吟味する。営業担当者からデータを収集し、接客担当者の場合と同一の仮説の検証を行い、接客担当者の検証結果と比較しながら、営業担当者の検証結果を議論する。そして、IM の目的とミックスの関係について効果分析を用いて明らかにする。さらに、営業担当者の取扱商品別ならびに役職別に分析を行う。最後に、まとめを示すこととする。

第 2 節　販売員の成果決定因モデルとメタ分析の結果

第 1 項　販売員の成果決定因モデル

Churchill et al. (1985) は、販売員の成果決定因モデル（図表 4 − 1 参照）を提示している。

図表 4 − 1 のモデルに示されているように、個人変数、組織変数、それに環境変数は、直接的ならびに間接的に成果に影響を与えている。間接的な影響は、4 つの変数を通じて、成果に及んでいる。組織変数と環境変数は、販売部隊（salesforce）の組織編成、テリトリーの設計、それにマーケティング・プログラムなどによって管理がなされる。他方、個人変数は、募集と選考方針、訓練と監督、それに報酬システムなどによって管理することができる。

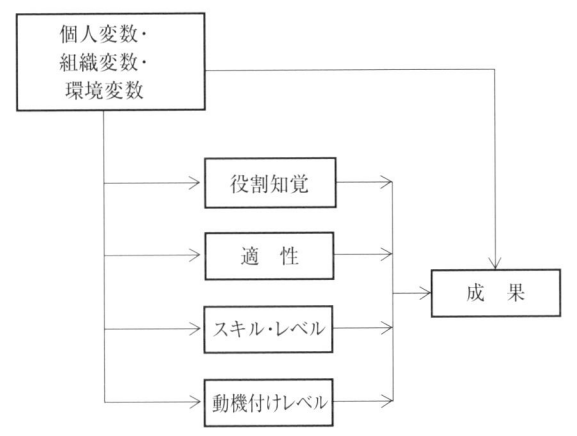

図表4-1 販売員の成果決定因モデル

出所：Churchill et al.（1993），p.373.

第2項 メタ分析の結果

また、Churchill et al.（1993）は、販売員の成果に関する実証的研究についてのメタ分析を行い、それぞれの変数の成果に対する影響力の結果（**図表4-2参照**）を示している。図表4-2から明らかなように、影響力の強い順に、役割知覚、スキル・レベル、動機付け、個人特性、適性、組織・

図表4-2 メタ分析の結果

成果に影響する変数	相関の報告数	重み付け平均値の相関（R）	成果の分散で説明される割合（R^2）
1．適性	820	0.138	0.019
2．個人的特性	407	0.161	0.026
3．スキル・レベル	178	0.268	0.072
4．役割知覚	59	0.294	0.086
5．動機付け	126	0.184	0.034
6．組織・環境要因	51	0.104	0.011

出所：Churchill et al.（1985），p.107.

環境要因となっている。そして、Churchill et al.（1993）は、主要な概念について、次のように説明している。

まず、役割知覚において、販売員の役割は、3つのステップの過程から規定される。それは、第1に、役割上のパートナーが期待を伝達する、第2に、販売員は知覚を形成する、ただし、その際には、役割曖昧性、役割葛藤、それに役割不正確性[2]が知覚されることがある、第3に、販売員は知覚を行動へと変換する、という3つのステップから構成されている。

次に、適性では、販売員が仕事上の活動を遂行する能力は、個人の特性、たとえば、パーソナリティ、特性、知性、分析能力など、によっても影響を受ける。その販売員がいかに一生懸命に努力しても、その仕事に適性がないために、販売に成功しないことがある。もちろん、さまざまな種類の販売の仕事にはそれぞれ異なった課業や活動が含まれているので、ある特性を有した人はある販売の仕事には不向きかもしれないが別の仕事では大成功を収めるかもしれないと述べている。

そして、スキル・レベルでは、販売員が自らの仕事をする適性を有し、期待されていることを理解している場合でさえ、要求された課業を実行するのに必要なスキルを持っていなければならない。たとえば、販売員は商品知識とその商品がどのように動くのか、効果的な販売プレゼンテーションの仕方、それにその他の販売スキルを完全に知っていなければならないと記述している。

第3項　日本における営業の概念

この販売員の成果決定モデルとIMの基本モデルは、共通点が多い。先行要因として、動機付けと役割知覚（役割明確性と役割曖昧性）を採用している点は共通であり、スキル・レベルと適応性は類似した概念と言える。他方、

---

[2] 役割のパートナーの需要が不正確だと知覚した場合に発生する（Churchill et al. 1993）。

両者で異なることは、IM の基本モデルでは、インプットとして権限委譲を採用している点とアウトプット要因として成果ばかりでなく職務満足と離職意図を採用している点である。

　さて、前述のように、販売員の活動場所は、大別すると所与のテリトリーもしくは店内である。本章では、主に所与のテリトリーで販売活動を行う販売担当者に向けての IM を検討することにする。日本では、この販売活動だけでなく企画提案、顧客サポート、それにアフター・セールス活動を含む広義の販売を営業[3]ととらえることが多い。一般的に、販売という日本語は小売店の販売員などを連想することが多く、店内での販売を指す場合に使われているように思われる。そこで、調査に際しては、販売ではなく、営業という概念を使用することとした。

　確かに近年、短期契約の営業活動は増加傾向にあるが、日本は伝統的には営業職をキャリアパスの1つととらえ、将来的には研究開発を担当する若手社員が現場を学ぶために、営業の仕事を一定期間経験するという慣行が未だに存在している。この場合の営業職は企業との長期的な関係を前提としていると言えるであろう。この長期的な取引関係が基本となる日本における営業活動では関係性が重視されており、境界連絡活動としての営業活動を担当する者への IM は重要なものであると考えられる。

　したがって、営業担当者を標的の性質による分類図式に位置づけると**図表4-3**のようになるであろう。

図表4-3　標的の性質による分類図式

関係の長さ / 組織上の位置	境界的	中心的
短期的	接客担当者	
長期的	営業担当者	

3　田村（1999）は「日本企業での用法における営業は、英語には "eigyou" としか訳しようがない」とその概念の特殊性を指摘している。

第3節　調査方法

第1項　仮説

　この節では、前章の接客担当者の場合と同様に、第1章で提示された7つの仮説についての検証作業を行う。7つの仮説とは、以下のとおりである。

　　H1：動機付けは、(a) 適応性、(b) 職務満足、(c) 成果にプラスの影響を与え、(d) 離職意図にマイナスの影響を与える

　　H2：権限委譲は、(a) 適応性、(b) 役割明確性、(c) 職務満足、(d) 成果にプラスの影響を与え、(e) 役割葛藤にマイナスの影響を与える

　　H3：役割明確性は、(a) 適応性、(b) 職務満足、(c) 成果にプラスの影響を与え、(d) 役割葛藤、(e) 離職意図にマイナスの影響を与える

　　H4：役割葛藤は、(a) 離職意図にプラスの影響を与え、(b) 職務満足、(c) 成果、(d) 適応性にマイナスの影響を与える

　　H5：適応性は、(a) 職務満足、(b) 成果にプラスの影響を与える

　　H6：成果は、(a) 職務満足にプラスの影響を与え、(b) 離職意図にマイナスの影響を与える

　　H7：職務満足は、離職意図にマイナスの影響を与える

第2項　サンプルとデータ収集

　営業職からのデータを収集するために、第2章の接客担当者と同様に、インターネット調査を利用した。実施は2009年4月で、回収数は500であった。回答者の人口動態的属性は以下のとおりである。性別については、男性＝88.8％で女性＝11.2％である。婚姻については、未婚＝36.8％、既婚＝63.2％である。年齢については、平均値＝40.78、標準偏差＝8.72である。年代の分布は、20代＝8.0％、30代＝41.0％、40代＝33.6％、50代＝15.2％、60代以上＝2.2％である。地域については、北海道・東北＝7.8％、関東＝47.0％、

北陸・甲信越＝5.2％、東海＝10.4％、近畿＝17.6％、中国＝3.6％、四国＝2.6％、九州・沖縄＝5.8％である。

なお、接客担当者のデータでは、男性（37.8％）よりも女性（62.2％）の割合が多く、既婚（44.0％）よりも未婚（56.0％）の割合が多かった。平均年齢は36.12歳で、接客担当者の平均値のほうが低い。

第3項　構成概念と信頼性

接客担当者の分析結果と比較するために同一の構成概念を用いた。その信頼性については、信頼性分析を行い、クロンバック α 信頼係数は**図表4－4**のとおりの結果となった。係数の値から一定の信頼性を確保していると言えよう。また、構成概念間の相関も図表4－4に示されている。

図表4-4　構成概念の信頼係数と構成概念間の相関表

	項目数	α 係数	動機付け	権限委譲	役割明確性	役割葛藤	適応性	成果	職務満足
動機付け	7	0.772							
権限委譲	7	0.887	0.268						
役割明確性	6	0.901	0.139	0.519					
役割葛藤	8	0.877	0.006	0.021	0.293				
適応性	10	0.780	－0.021	0.421	0.446	0.097			
成果	6	0.992	0.108	0.379	0.442	0.163	0.55		
職務満足	8	0.877	0.477	0.434	0.341	－0.118	0.087	0.082	
離職意図	4	0.801	－0.224	－0.226	－0.249	0.207	－0.11	－0.118	－0.308

第1節　分析、結果、議論

第1項　分析と結果

接客担当者のデータの場合と同様に、共分散構造分析を用いて前述の仮説の検証を行った。まず、仮説モデルの適合度は**図表4－5**のようになった。

仮説モデルは、カイ2乗＝3285.1、自由度＝1439、有意確率＝0.000となっ

図表4-5

カイ2乗	自由度	有意確率	GFI	AGFI	RMSEA	NFI	RMR	CFI
3285.01	1439	0.000	0.808	0.787	0.051	0.813	0.163	0.885

た。カイ2乗検定からは、モデルは棄却されることになる。しかし、モデルが複雑である場合や標本数が多い場合は棄却されることがあり、今回も接客担当者の場合と同様にこれに該当すると考えられる。

そこで、次の適合度指標を用いて仮説モデルの適合度[4]を見ることにする（図表4－5参照）。GFI（Goodness of Fit Index）＝0.808、AGFI（Adjusted Goodness of Fit Index）＝0.787、RMSEA（Root Mean Square Error of Approximation）＝0.051、NFI（Normal Fit Index）＝0.813、RMR（Root Mean Square Residual）＝0.163、CFI（Comparative Fit Index）＝0.885という値になった。仮説モデル適合度は高いとは言えないが許容できる範囲と言えよう。

次に、仮説の検証結果を図表4－6に示す。なお、比較のために接客担当者の分析結果も提示した。

まず第1に、動機付けを先行変数とする仮説1については、(H1b) 職務満足へのプラスの影響と (H1d) 離職意図へのマイナスの影響の仮説が支持されたが、(H1a) 適応性へのプラスの影響と (H1c) 成果へのプラスの影響は支持されなかった。

第2に、権限委譲を先行変数とする仮説2については、(H2b) 役割明確性へのプラスの影響、(H2c) 職務満足へのプラスの影響、それに (H2e) 役割葛藤へのマイナスの影響のいずれの仮説も支持されたが、(H2d) 成果へのプラスの影響、および(H2a)適応性へのプラスの影響は支持されなかった。

第3に、役割明確性を先行変数とする仮説3については、(H3b) 職務満足へのプラスの影響、(H3c) 成果へのプラスの影響、それに (H3e) 離職意図へのマイナスの影響の仮説は支持された。一方、(H3a) 適応性へのプラ

---

[4] 適合度指標については、第3章のp.51を参照。

図表4-6　仮説の検証結果

仮説番号	仮説			符号	営業担当者		接客担当者	
					標準化推定値	有意水準	標準化推定値	有意水準
H1a	動機付け	→	適応性	(＋)	−0.144	n.s.	0.041	n.s.
H1b	動機付け	→	職務満足	(＋)	0.382	＊＊＊	0.241	＊＊＊
H1c	動機付け	→	成果	(＋)	0.069	n.s.	−0.043	n.s.
H1d	動機付け	→	離職意図	(−)	−0.126	＊	−0.408	＊＊＊
H2a	権限委譲	→	適応性	(＋)	0.298	n.s.	0.201	n.s.
H2b	権限委譲	→	役割明確性	(＋)	0.519	＊＊＊	0.466	＊＊＊
H2c	権限委譲	→	職務満足	(＋)	0.256	＊＊＊	0.39	＊＊＊
H2d	権限委譲	→	成果	(＋)	0.087	n.s.	0.294	＊＊＊
H2e	権限委譲	→	役割葛藤	(−)	−0.179	＊＊	−0.143	＊
H3a	役割明確性	→	適応性	(＋)	0.312	n.s.	0.406	n.s.
H3b	役割明確性	→	職務満足	(＋)	0.288	＊＊＊	0.231	＊＊＊
H3c	役割明確性	→	成果	(＋)	0.176	＊＊	0.244	＊＊＊
H3d	役割明確性	→	役割葛藤	(−)	0.386	＊＊＊	0.26	＊＊＊
H3e	役割明確性	→	離職意図	(−)	−0.256	＊＊＊	−0.059	n.s.
H4a	役割葛藤	→	離職意図	(＋)	0.272	＊＊＊	0.346	＊＊＊
H4b	役割葛藤	→	職務満足	(−)	−0.184	＊＊＊	−0.299	＊＊＊
H4c	役割葛藤	→	成果	(−)	0.067	n.s.	0.016	n.s.
H5a	適応性	→	職務満足	(＋)	−0.055	n.s.	0.01	n.s.
H5b	適応性	→	成果	(＋)	0.43	n.s.	0.183	n.s.
H6a	成果	→	職務満足	(＋)	−0.123	＊	−0.253	＊＊＊
H6b	成果	→	離職意図	(−)	−0.025	n.s.	−0.106	＊
H7	職務満足	→	離職意図	(−)	−0.126	＊	−0.082	n.s.

＊＊＊ ＝ p <0.001，＊＊ ＝ p <0.01，＊ ＝ p <0.05

スの影響は支持されなかった。なお，(H3d) 役割葛藤へはプラスの影響を仮定していたが，仮定とは逆に有意なマイナスの影響が認められた。

　第4に，役割葛藤を先行変数とする仮説4は，(H4a) 離職意図へのプラスの影響は支持された。また，(H4b) 職務満足へのマイナスの影響も支持された。他方，(H4c) 成果へのマイナスの影響という仮説は支持されな

かった。

　第5に、適応性を先行変数とする仮説5については、(H5a) 職務満足へのプラスの影響と (H5b) 成果へのプラスの影響は共に支持されなかった。

　第6に、成果を先行変数とする仮説6については、(H6b) 離職意図にマイナスの影響は支持されなかった。なお、(H6a) 職務満足へのプラスの影響という仮説は、仮定とは逆の有意なマイナスの影響が支持された。

　第7に、職務満足は、離職意図にマイナスの影響を与えるという仮説7は、支持された。

　以上を要約すると、支持された仮説は、H1b、H1d、H2b、H2c、H2e、H3b、H3c、H3e、H4a、H4b、H7であり、仮説とは逆の有意な影響が認められたものは、H3d、H6aであった。H3dとH6aで認められた仮説とは逆の有意な影響は、接客担当者の場合と同様となった。全体的には、接客担当者の場合と類似した検証結果となっている。

第2項　議論

　以上の分析結果から次の3点を指摘したいと思う。

　まず第1に、このような分析結果から、IMの基本モデルは、接客担当者ばかりでなく、営業担当者に対しても一定の有効性を持つと言えよう。

　第2に、職務満足は顧客満足（成果）を生み出すという規範的研究が提唱している論理は、今回の営業担当者のデータによる経験的検討でもあてはまらないという結果となった。接客担当者と営業担当者のいずれの場合も、仮説とは逆に成果が職務満足に統計的に有意なマイナスの影響があるという結果となった。その1つの解釈としては、成果が高い人ほどさらに高い成果を求めるという志向があるので現状の職務に満足しないという現象が存在するのではないかというものである。たとえ世界記録を持っていてもそれを更新しようと努力するアスリートの意識がその典型と言えるものである。それは求道現象と名付けることができるかもしれない。

第3に、接客担当者の場合には、職務満足から離職意図への統計的に有意なマイナスの影響は確認されなかったが、今回は確認されている。

　これをもって、規範的な研究が提唱する論理が否定されるものではないが、さらなる実証研究が必要であろう。

第5節　効果分析

　本研究のIMの定義では、IMの目的として、3つ提示されている。すなわち、①成果向上、②職務満足向上、それに③離職回避である。第3章の効果分析から、IMの目的が異なれば、有効なIMミックスのあり方は異なることが確認された。IMの目的によって、有効なIMミックスのあり方は同一ではないことが判明した。つまり、接客担当者を対象としたIMの場合では、成果と職務満足を目的としたIMミックスは権限委譲を中心とし、離職意図の低減を目的としたIMミックスは動機付けを中心とすることが有効であることが明らかとなった。

　そこで、この節では、営業担当者を対象としたIMにおける有効なIMミックスのあり方に関して検討をする。接客担当者の場合と同様に、IMミックスのそれぞれの要因の直接効果と間接効果を算出して、それらを合計した総合効果を提示して、検討を行うことにする。

　図表4－7は、直接効果を算出したものである。初めに、営業担当者にお

図表4-7　標準化直接効果

	権限委譲	動機付け	役割明確性	適応性	役割葛藤
役割明確性	0.519	0	0	0	0
適応性	0.298	−0.144	0.312	0	0
役割葛藤	−0.179	0	0.386	0	0
成果	0.087	0.069	0.176	0.43	0.067
職務満足	0.256	0.382	0.288	−0.055	−0.184
離職意図	0	−0.126	−0.256	0	0.272

ける直接効果を見ることにする。まず、成果を目的とした場合には、適応性が最も効果が高く（0.43）、2番目に役割明確性（0.176）、3番目に権限委譲（0.087）という順位になっている。次に、職務満足を目的とした場合には、動機付けが最も効果が高く（0.382）、2番目に役割明確性（0.288）、3番目に権限委譲（0.256）という順位になっている。最後に、離職意図の低減を目的とした場合には、役割葛藤が最も効果が高く（0.272）、2番目に役割明確性（−0.256）、3番目に動機付け（−0.126）という順位になっている。

次に、図表4−8は、間接効果を算出したものである。営業担当者への間接効果を見ると、まず、成果を目的とした場合には、権限委譲が最も効果が高く（0.29）、2番目に役割明確性（0.16）、3番目に動機付け（−0.062）という順位になっている。次に、職務満足を目的とした場合には、役割明確性が最も効果が高く（−0.13）、2番目に権限委譲（0.074）、3番目に適応性（−0.053）という順位になっている。最後に、離職意図の低減を目的とした場合には、権限委譲が最も効果が高く（−0.179）、2番目は役割明確性（0.076）、3番目に動機付け（−0.049）になっている。

最後に、直接効果と間接効果を合成した営業担当者における総合効果を算出したものが図表4−9である。まず、成果を目的とした場合には、適応性が最も効果が高く（0.43）、2番目に権限委譲（0.378）、3番目に役割明確性（0.336）という順位になっている。次に、職務満足を目的とした場合には、動機付けが最も効果が高く（0.389）、2番目に権限委譲（0.33）、3番目に役

図表4-8　標準化間接効果

	権限委譲	動機付け	役割明確性	適応性	役割葛藤
役割明確性	0	0	0	0	0
適応性	0.162	0	0	0	0
役割葛藤	0.2	0	0	0	0
成果	0.29	−0.062	0.16	0	0
職務満足	0.074	0.007	−0.13	−0.053	−0.008
離職意図	−0.179	−0.049	0.076	0.003	0.023

割葛藤（－0.193）という順位になっている。最後に、離職意図の低減を目的とした場合には、役割葛藤が最も効果が高く（0.295）、2番目に役割明確性（－0.18）、3番目権限委譲（－0.179）という順位になっている。

以上の内容をまとめたものが**図表4-10**である。IMの目的によって、有効なIMミックスのあり方は同一ではないことが判明した。つまり、営業担当者を対象としたIMの場合では、成果を目的としたIMミックスは適応性を中心とし、職務満足を目的としたIMミックスは動機付けを中心とし、離職意図の低減を目的としたIMミックスは役割葛藤を中心とすることが有効であると言える。

図表4-9　標準化総合効果

	権限委譲	動機付け	役割明確性	適応性	役割葛藤
役割明確性	0.519	0	0	0	0
適応性	0.459	－0.144	0.312	0	0
役割葛藤	0.021	0	0.386	0	0
成果	0.378	0.007	0.336	0.43	0.067
職務満足	0.33	0.389	0.159	－0.108	－0.193
離職意図	－0.179	－0.176	－0.18	0.003	0.295

図表4-10　目的別IMミックスのあり方

順位＼目的	成果	職務満足	離職回避
1位	適応性	動機付け	役割葛藤
2位	権限委譲	権限委譲	役割明確性
3位	役割明確性	役割葛藤	権限委譲

第6節　商品別分析

第1項　商品別アプローチ

商品別にマーケティングを体系化しようという試みは、機関別および機能別とならびマーケティング研究の伝統的なアプローチの1つである（Bartels

1976；Sheth et al. 1988)。商品別アプローチでは、商品を消費財と産業財に分けて、それらを対比して、特徴を明らかにしている。たとえば、Copeland (1923) は、顧客の購買動機の違いによる商品の分類を展開した。すなわち、消費財の購買動機は、本能的あるいは感情的であるのに対して、産業財は合理的であるという主張である。その後、このような消費財と産業財の差が主に製品特性にあるという主張から意思決定に差があるという主張に研究の主眼が移行し、その意思決定の差が組織購買行動研究として展開されるようになった（野中 1979)。さらに、関係性の観点から産業財のマーケティングの研究がなされている（高嶋 1998；余田 2000)。高嶋・南 (2006) は、産業財取引の特徴として、①合目的性、②継続性、③相互依存性、そして④組織性を挙げ、消費財のマーケティング活動と産業財のそれの違いを次のように説明している。「消費財マーケティング活動のプロセスは、売り手企業において、①マーケティング部門が不特定多数の消費者市場を分析して、②開発部門が製品開発を行い、③開発された製品を市場で販売するために、価格を決定し、流通チャネルを設定し、広告や販売活動を行うことになる。これらの各ステップは、通常、異なる職能部門や職能担当者が別々の時期に行っており、しかも、相互に情報共有の重要性は認識されていてもそれぞれが専門的に作業を進めることが優先されている。（中略）これに対して、生産財取引は合目的性、継続性、相互依存性、組織性という特徴を有するために、生産財マーケティング活動において、このような分断されたプロセスを行うことは有効ではない。合目的性という点において顧客需要から逸脱した開発活動や営業活動というのは考えにくく、継続性に基づき顧客の情報が営業部門にも入ってきており、相互依存性や組織性の観点から、職能横断的な連携が重視されるからである (pp.10-11)」と。

　以上のように、これまでのマーケティング理論においては、客体である商品の特性が異なれば、マーケティングの展開は異なるという主張から始まり、いくつかの異なる観点からの研究がなされてきた。それでは、客体であ

る商品の特性が異なれば、IMも異なるのか、それとも同一なのか、この課題について検討を加えることとする。言い換えれば、商品の特徴の違いはそれを営業する担当者へのIMに違いをもたらすのか否かである。もし違いをもたらすとすれば、どのような点なのかを明らかにしたい。

第2項　仮説検証

　ここでは、主に消費者用商品を営業している担当者（n＝218）と主に産業用商品を営業している担当者（n＝276）に分けて分析を行った。なお、消費財と産業財とせずに、消費者用商品と産業用商品とした。その理由は、それらの概念は、サービスを含んでいるためである。ここでは、商品は市場に提供される財とサービスの両方を含んだ概念としている。前述の仮説を検証するために、共分散構造分析における多母集団分析を行った。分析結果は、**図表4－11**のとおりである。

　図表4－11から明らかなように、仮説において、消費者用商品で統計的に有意になったが産業用商品では有意にならなかったものは、H3c、H4c（ただし、仮説とは逆の影響）であった。すなわち、消費者用商品では、役割明確性は成果にプラスの影響があること、および役割葛藤は成果にプラスの影響があること、が認められた。他方、産業用商品で統計的に有意になったが消費者用商品では有意にならなかったものは、H1c、H2e、H6a（ただし仮説とは逆の影響）それにH7であった。すなわち、産業用商品では、動機付けが成果にプラスの影響を与えること、権限委譲が役割葛藤にプラスの影響を与えること、成果が職務満足にマイナスの影響を与えること、それに職務満足が離職意図にマイナスの影響を与えること、が認められた。

　ただし、一対比較[5]ではそれらの差は統計的に有意な値とはなっていない

---

[5]　パラメータ間の差に対する検定統計量で有意水準を0.05として考察するときは、値の絶対値が1.96を超えていれば「5％水準で有意な差がある」と解釈される（田部井 2001）。

図表4-11 仮説の検証結果

仮説番号	仮説			符号	消費者用商品		産業用商品		一対比較
					標準化推定値	有意水準	標準化推定値	有意水準	
H1a	動機付け	→	適応性	(+)	−0.064	n.s.	−0.189	n.s.	−0.448
H1b	動機付け	→	職務満足	(+)	0.37	＊＊＊	0.375	＊＊＊	0.056
H1c	動機付け	→	成果	(+)	0.112	n.s.	0.143	＊	0.032
H1d	動機付け	→	離職意図	(−)	−0.115	n.s.	−0.064	n.s.	0.37
H2a	権限委譲	→	適応性	(+)	0.288	n.s.	0.308	n.s.	0.164
H2b	権限委譲	→	役割明確性	(+)	0.532	＊＊＊	0.531	＊＊＊	−1.693
H2c	権限委譲	→	職務満足	(+)	0.295	＊＊＊	0.26	＊＊＊	−0.479
H2d	権限委譲	→	成果	(+)	0.102	n.s.	0.104	n.s.	−0.267
H2e	権限委譲	→	役割葛藤	(−)	−0.166	n.s.	−0.203	＊	0.227
H3a	役割明確性	→	適応性	(+)	0.359		0.327		0.219
H3b	役割明確性	→	職務満足	(+)	0.296	＊＊＊	0.292	＊＊＊	0.594
H3c	役割明確性	→	成果	(+)	0.179	＊	0.139	n.s.	−0.32
H3d	役割明確性	→	役割葛藤	(−)	0.459	＊＊＊	0.337	＊＊＊	−1.037
H3e	役割明確性	→	離職意図	(−)	−0.222	＊	−0.225	＊＊	−0.589
H4a	役割葛藤	→	離職意図	(+)	0.277	＊＊	0.306	＊＊＊	1.107
H4b	役割葛藤	→	職務満足	(−)	−0.213	＊＊	−0.187	＊＊	−0.319
H4c	役割葛藤	→	成果	(−)	0.148	＊	−0.016	n.s.	−1.838
H5a	適応性	→	職務満足	(+)	−0.096	n.s.	−0.045	n.s.	0.237
H5b	適応性	→	成果	(+)	0.417	n.s.	0.437	n.s.	−0.168
H6a	成果	→	職務満足	(+)	−0.015	n.s.	−0.171	＊	−1.626
H6b	成果	→	離職意図	(−)	−0.097	n.s.	−0.037	n.s.	0.383
H7	職務満足	→	離職意図	(−)	−0.114	n.s.	−0.246	＊＊	−1.142

＊＊＊ = p <0.001, ＊＊ = p <0.01, ＊ = p <0.05

(いずれも絶対値が1.96を超えていない) ので、断定的なものではなく、参考とすべきものである。したがって、基本的には、両者には差があるとは言えないということになる。

第3項　効果分析

　総合効果分析の結果は、**図表4-12**のとおりである。なお、直接効果と間接効果は割愛して総合効果のみを提示した。

　まず、成果を目的とした場合、消費者用商品では、適応性が最も効果が高く（0.417）、2番目に権限委譲（0.409）、3番目に役割明確性（0.396）という順位になっている。他方、産業用商品でも同じ順位で、適応性が最も効果が高く（0.437）、2番目に権限委譲（0.389）、3番目に役割明確性（0.276）となっている。

　次に、職務満足を目的とした場合には、消費者用商品では、権限委譲が最も効果が高く（0.383）、2番目に動機付け（0.374）、3番目に役割葛藤（－0.216）という順位になっている。一方、産業用商品では、動機付けが最も効果が高く（0.373）、2番目に権限委譲（0.332）、3番目に役割葛藤（－0.184）という順位になっている。

図表4-12　商品別総合効果分析の結果

標準化総合効果

消費者用商品	権限委譲	動機付け	役割明確性	適応性	役割葛藤
役割明確性	0.532	0	0	0	0
適応性	0.479	－0.064	0.359	0	0
役割葛藤	0.079	0	0.459	0	0
成果	0.409	0.086	0.396	0.417	0.148
職務満足	0.383	0.374	0.157	－0.102	－0.216
離職意図	－0.18	－0.166	－0.151	－0.029	0.288
産業用商品	権限委譲	動機付け	役割明確性	適応性	役割葛藤
役割明確性	0.531	0	0	0	0
適応性	0.181	0.109	0.327	0	0
役割葛藤	－0.024	0	0.337	0	0
成果	0.389	0.06	0.276	0.437	－0.016
職務満足	0.332	0.373	0.167	－0.12	－0.184
離職意図	－0.223	－0.158	－0.174	0.013	0.352

最後に、離職意図の低減を目的とした場合には、消費者用商品では、役割葛藤が最も効果が高く（0.288）、2番目に権限委譲（−0.18）、3番目に動機付け（−0.166）という順位になっている。他方、産業用商品では、役割葛藤が最も効果が高く（0.352）、2番目に権限委譲（−0.223）、3番目に役割明確性（−0.174）という順位になっている。

以上の内容をまとめたものが、図表4−13である。成果を目的とした場合の順位は同一であり、職務満足と離職回避を目的とした場合でもかなり類似していることがわかる。

図表4-13　目的別IMミックスのあり方

順位＼目的	消費者用商品			産業用商品		
	成果	職務満足	離職回避	成果	職務満足	離職回避
1位	適応性	権限委譲	役割葛藤	適応性	動機付け	役割葛藤
2位	権限委譲	動機付け	権限委譲	権限委譲	権限委譲	権限委譲
3位	役割明確性	役割葛藤	動機付け	役割明確性	役割葛藤	役割明確性

第7節　役職別分析

第1項　役職別分析

今野・佐藤（2002）によれば、内部労働市場の構造を決める社員区分制度では、2つの意思決定が必要になるという。1つは、区分の程度であり、区分を細かくすればするほど、社員の多様性に適合する人事管理の体系を作ることはできるが、異なる人事管理が適用されている社員群間の均衡を図ることが困難になるという。もう1つは、区分の基準で、①仕事内容の違いに基づく基準、②将来のキャリア形成に関する企業の期待の違いによる基準、③社員の育成と活用の観点から社員を区分する基準、④企業が期待する働き方の違いによる基準という4つのタイプがあるという。この区分の程度と区分の基準に従って社員区分の意思決定がなされることになるが、現実は非常

に複雑な意思決定となると指摘している。

このように、社員区分は複雑な意思決定を含む問題であり、最適解を求めることは不可能に近い。そこで、この節では、課題を明確化するために、単純に部下を持たない一般社員と部下の管理も行う管理者の2つに区分して、探索的な分析を試みることにする。

それでは、役職が異なれば、IMも異なるのか、それとも同一なのか、この課題について検討を加えることにする。言い換えれば、部下の管理を行う必要がない営業担当者へのIMと部下の管理も行う必要がある営業担当者へのIMには違いがあるのか否かを吟味したいと思う。もし違いがあるとすれば、どのような点が異なるのかを明らかにしたい。これらがこの節での課題である。

第2項　仮説検証

ここでは、営業担当者の一般社員（n＝185）と、営業を担当しかつ管理の職務も遂行している管理者（n＝315）に分けて分析を行った。前述の仮説を検証するために、共分散構造分析における多母集団分析を行った。分析結果は、**図表4－14**のとおりである。

図表4－14から明らかなように、仮説において、一般社員で統計的に有意になったが管理者では有意にならなかったものは、H1d、H3c、H4c（仮説とは逆）であった。すなわち、一般社員では、動機付けが離職意図にマイナスの影響があること、役割明確性が成果にプラスの影響があること、および役割葛藤が成果にプラスの影響があること、が認められた。他方、管理者で統計的に有意になったが一般社員では有意にならなかったものは、H2e、H4b、H7であった。すなわち、権限委譲が役割葛藤にマイナスの影響があること、役割葛藤が職務満足にマイナスの影響があること、および職務満足が離職意図にマイナスの影響があること、が認められた。

ただし、一対比較の欄で、絶対値が1.96を超えているのは、H1dとH4b

図表4-14　仮説の検証結果

仮説番号	仮説			符号	一般社員		管理者		一対比較
					標準化推定値	有意水準	標準化推定値	有意水準	
H1a	動機付け	→	適応性	(＋)	−0.269	n.s.	−0.046	n.s.	0.065
H1b	動機付け	→	職務満足	(＋)	0.346	＊＊＊	0.376	＊＊＊	1.045
H1c	動機付け	→	成果	(＋)	0.09	n.s.	0.07	n.s.	0.051
H1d	動機付け	→	離職意図	(−)	−0.249	＊	0.055	n.s.	2.403
H2a	権限委譲	→	適応性	(＋)	0.187	n.s.	0.382	n.s.	0.527
H2b	権限委譲	→	役割明確性	(＋)	0.48	＊＊＊	0.542	＊＊＊	0.76
H2c	権限委譲	→	職務満足	(＋)	0.344	＊＊＊	0.238	＊＊＊	−0.934
H2d	権限委譲	→	成果	(＋)	0.116	n.s.	0.112	n.s.	0.042
H2e	権限委譲	→	役割葛藤	(−)	−0.145	n.s.	−0.206	＊＊	0.184
H3a	役割明確性	→	適応性	(＋)	0.441	n.s.	0.222	n.s.	0.082
H3b	役割明確性	→	職務満足	(＋)	0.248	＊	0.311	＊＊＊	0.456
H3c	役割明確性	→	成果	(＋)	0.238	＊	0.117	n.s.	−0.946
H3d	役割明確性	→	役割葛藤	(−)	0.383	＊＊＊	0.399	＊＊＊	−1.302
H3e	役割明確性	→	離職意図	(−)	−0.283	＊＊	−0.185	＊	1.072
H4a	役割葛藤	→	離職意図	(＋)	0.336	＊＊＊	0.228	＊＊	−0.177
H4b	役割葛藤	→	職務満足	(−)	−0.05	n.s.	−0.257	＊＊＊	−2.973
H4c	役割葛藤	→	成果	(−)	0.167	＊	0.053	n.s.	−0.593
H5a	適応性	→	職務満足	(＋)	0.283	n.s.	0.466	n.s.	−0.075
H5b	適応性	→	成果	(＋)	−0.067	n.s.	−0.088	n.s.	0.101
H6a	成果	→	職務満足	(＋)	−0.135	n.s.	−0.064	n.s.	0.719
H6b	成果	→	離職意図	(−)	0.059	n.s.	−0.07	n.s.	−0.288
H7	職務満足	→	離職意図	(−)	−0.03	n.s.	−0.314	＊＊＊	−1.949

＊＊＊＝p＜0.001, ＊＊＝p＜0.01, ＊＝p＜0.05

の2つである。したがって、その2つに関しては、0.05の有意水準で、それらの推定値には統計的に差があると言える。すなわち、一般社員の場合は動機付けが離職意図にマイナスの影響を与えるが、管理者の場合は有意な影響は見られないということ、ならびに管理者の場合は役割葛藤が職務満足にマイナスの影響を与えるが、一般社員の場合は有意な影響は見られないという

こと、である。

このように、取扱商品別では有意な差は見られなかったが、役職別では有意な差が確認された。したがって、一般社員をセグメントとするIMと管理者をセグメントとするIMは、少なくとも同一のIMにすべきではないと言えるであろう。

第3項　効果分析

総合効果分析の結果は、**図表4-15**のとおりである。

まず、成果を目的とした場合、一般社員では、役割明確性が最も効果が高く（0.426）、2番目に権限委譲（0.349）、3番目に適応性（0.283）という順位になっている。他方、管理者では、適応性が最も効果が高く（0.466）、2番目に権限委譲（0.409）、3番目に役割明確性（0.241）となっている。

次に、職務満足を目的とした場合には、一般社員では、権限委譲が最も効果が高く（0.387）、2番目に動機付け（0.362）、3番目に役割明確性（0.141）

図表4-15　役職別標準化総合効果

一般社員	権限委譲	動機付け	役割明確性	適応性	役割葛藤
役割明確性	0.48	0	0	0	0
適応性	0.398	−0.269	0.441	0	0
役割葛藤	0.039	0	0.383	0	0
成果	0.349	0.014	0.426	0.283	0.167
職務満足	0.387	0.362	0.141	−0.105	−0.072
離職意図	−0.114	−0.26	−0.134	0.02	0.348
管理者	権限委譲	動機付け	役割明確性	適応性	役割葛藤
役割明確性	0.542	0	0	0	0
適応性	0.502	−0.046	0.222	0	0
役割葛藤	0.01	0	0.399	0	0
成果	0.409	0.048	0.241	0.466	0.053
職務満足	0.333	0.377	0.173	−0.118	−0.26
離職意図	−0.231	−0.066	−0.165	0.004	0.306

という順位になっている。一方、管理者では、動機付けが最も効果が高く（0.377）、2番目に権限委譲（0.333）、3番目に役割葛藤（−0.26）という順位になっている。

最後に、離職意図の低減を目的とした場合には、一般社員では、役割葛藤が最も効果が高く（0.348）、2番目に動機付け（−0.26）、3番目に役割明確性（−0.134）という順位になっている。他方、管理者では、役割葛藤が最も効果が高く（0.306）、2番目に権限委譲（−0.231）、3番目に役割明確性（−0.165）という順位になっている。

以上の内容をまとめたものが図表4-16である。

一般社員がセグメントの場合、成果を目的としたIMミックスは役割明確性を中心とし、職務満足を目的としたIMミックスも権限委譲を中心とし、離職意図の低減を目的としたIMミックスは役割葛藤を中心とすることが有効であることが判明した。また、管理者がセグメントの場合、成果を目的としたIMミックスは適応性を中心とし、職務満足を目的としたIMミックスも動機付けを中心とし、離職意図の低減を目的としたIMミックスは役割葛藤を中心とすることが有効であることが判明した。このように、一般社員をセグメントとした場合と管理者をセグメントとした場合では、IMの有効なミックスの仕方が異なるということが確認された。

図表4-16　目的別IMミックスのあり方

順位＼目的	一般社員			管理者		
	成果	職務満足	離職回避	成果	職務満足	離職回避
1位	役割明確性	権限委譲	役割葛藤	適応性	動機付け	役割葛藤
2位	権限委譲	動機付け	動機付け	権限委譲	権限委譲	権限委譲
3位	適応性	役割明確性	役割明確性	役割明確性	役割葛藤	役割明確性

第8節　結語

　まず第1に、IM の基本モデルに、営業担当者のデータを当てはめて分析した。その結果、接客担当者の場合と同様に、IM の基本モデルは、一定の有用性を有していることが確認された。つまり、IM の基本モデルは、営業担当者へも適用可能であるということがデータの分析から裏付けられたのである。

　第2に、職務満足は顧客満足（成果）を生み出すという規範的研究が提唱している論理は、今回の営業担当者のデータによる経験的検討でもあてはまらないという結果となった。接客担当者と営業担当者のいずれの場合も、仮説とは逆に成果が職務満足に統計的に有意なマイナスの影響があるという結果となった。その1つの解釈としては、成果が高い人ほどさらに高い成果を求めるという志向があるので現状の職務に満足しないという現象（求道現象）が存在するのではないかというものである。

　第3に、職務満足から離職意図への統計的に有意なマイナスの影響は、接客担当者の場合には確認されなかったが、今回の営業担当者の場合は確認されている。

　第4に、IM の目的によって、有効な IM ミックスのあり方は同一ではないことが判明した。つまり、営業担当者を対象とした IM の場合では、成果を目的とした IM ミックスは適応性を中心とし、職務満足を目的とした IM ミックスは動機付けを中心とし、離職意図の低減を目的とした IM ミックスは役割葛藤を中心とすることが有効であることが明らかとなった。

　第5に、営業担当者を取扱商品から消費者用商品の担当者（n＝218）と産業用商品の担当者（n＝276）に分けて仮説検証を行ったところ、統計的に有意な差がある結果は見られなかった。したがって、基本的には、両者には差があるとは言えないということになる。また、取扱商品別の総合効果の

分析を行ったところ、有効なIMのミックスの仕方も類似していることが判明した。

第6に、営業担当者を一般社員（n＝185）と管理者（n＝315）に分けて仮説検証を行ったところ、両者に有意な差が見られたのは次の2点である。1つは、一般社員の場合は動機付けが離職意図にマイナスの影響を与えるが、管理者の場合は有意な影響は見られないということである。そして、もう1つは、管理者の場合は役割葛藤が職務満足にマイナスの影響を与えるが、一般社員の場合は有意な影響は見られないということである。また、役職別の総合効果の分析を行ったところ、一般社員をセグメントとした場合と管理者をセグメントとした場合では、IMの有効なミックスの仕方が異なるということが確認された。したがって、役職別の細分化は有効なものであると言えよう。

なお、営業担当者の取扱商品（サービスも含む）を消費者用商品と産業用商品に区分して分析を行ったが、有意な差は見られなかった[6]。IMの細分化に有効な商品の分類を発見することは今後の課題と言える。

また、本章では、営業担当者を一般社員と管理者に大別した。しかし、管理者はさらに細分化すべきかもしれない。厳密に言えば、主に管理業務を行っている部長レベルの営業担当者と副次的にしか管理業務を行っていない主任や係長レベルの営業担当者とに区分して分析を行う必要があろう。

---

6 同様に、取扱商品を有形財とサービスに分けて分析を行ったが有意な差は確認されなかった。

第5章

研究開発担当者向け
インターナル・マーケティングの理論

第1節　序

　第3章では接客担当者を対象とし、第4章では営業担当者を対象として分析を行ってきた。両者は組織と市場を結び付ける境界連絡行動を遂行しているという共通点がある。それに対して、組織の内部、それも奥で秘密裏に行われることがある研究開発活動は、境界連絡行動とは非常に異なった特性を持っていると言える。

　研究開発担当者向けのIMは、組織の内部に焦点があるという意味では、第1章で取り上げたVoima（2000）の分類における行列的IMに位置付けられるかもしれない。しかし、行列的IMが全社的な品質管理に立脚し、組織の短期的な目的を達成することを目指している点から判断するとその範疇に入るものではない。なぜならば、理論的には研究開発は戦略的性格を有し、長期的な視点に立って実施されるものだからである。

　また、社外秘とされる事項を多く担当する研究開発担当者を短期的な雇用契約で組織に招き入れることは、開発された事項の流出などのリスクを伴ってしまう。もちろん、期間を限定したプロジェクトでは、短期的な関係も存在する。しかし、そのような短期的な関係が企業と研究開発担当者の主流になることは考えにくいであろう。

　そこで、研究開発活動は、基本的に長期的期間にわたって実施されるので、

企業との雇用関係も長期的なものとなっている点と組織の内部に位置する点を踏まえると、標的の性質による分類図式では**図表5－1**のような位置づけになると考えられる。

本章の目的は、接客担当者や営業担当者などの組織と市場の境界的な位置で職務を遂行するのではなく、主に組織の内部で職務を遂行する研究開発担当者に対してもIMが有効かどうかを実証的に解明することである。

これまでに、研究開発、特に新製品開発における創造性を有した人の重要性が指摘されてきている。たとえば、Wind（1982）は、「創造的な人々に関する非常に多くの研究があるにもかかわらず、創造的な人々を識別する特徴とは何か、標準的な人事試験がそのような創造的な人物を見極めることができるのか、そして正確にその人物の創造性の水準を予測できるのか、に関しての明確な結論は引き出せていない（p.250）」と述べている。また、Crawford（1987）も、「新製品のアイデアを社内で創造するためには、適切に管理され正しい段階的な手順を使用する創造的で十分に動機付けされた人々が不可欠である（p.92）」と主張している。

他方、研究開発に携わる人々を管理するマネジャーについて、Clark and Fujimoto（1991）は、自動車産業におけるプロダクト・マネジャー（PM）を軽量級[1]と重量級[2]に分類し、重量級PMの機能を重視している。また、開発においては公式的組織ばかりでなく非公式組織も重要で、次のような非公式な役割を演じるさまざまな人々が存在するとUrban et al.（1987）が指

---

[1] 「軽量級PMは実務レベルの技術者に対して直接のパイプを持たない。そして、各部の部長に比べると、組織内での地位は低く、力も弱い。製品開発部門の外に対しては影響力が小さく、内部でも限られた影響力しかない。市場との直接的接触を持たず、製品コンセプトに関する責任もない。ここでは、PMの主な任務は、調整、すなわち、作業の進捗状況を把握し、各部門の対立を解消し、プロジェクト全体としての目標達成を容易にすることである（pp.322-324）」

[2] 「重量級PMの責任ははるかに幅広く、影響力も大きい。組織の中でも地位が高いのが普通で、各部門の長と同格かそれよりも格上ということも多い。…（中略）…彼らは、内部調整に責任を有するだけでなく、製品プランニングやコンセプトの創出にも責任を持つ。事実上、その製品についてのゼネラル・マネジャーとして機能する（p.324）」

図表5-1　標的の性質による分類図式

関係の長さ＼組織上の位置	境界的	中心的
短期的	接客担当者	
長期的	営業担当者	研究開発担当者

摘している。すなわち、

- チャンピオン（主唱者）：新製品が組織内でその意義を擁護する役割を担う人
- プロテクター（保護者）：チャンピオンの同盟者であり、プロジェクトを推進するために、いつ、どのように接触し、何を述べるべきかを助言する人
- コントローラー（統制者）：スケジュールと予算を監視する人
- インテグレーター（統合者）：マーケティングと技術の掛け橋となる人

など[3]である（pp.300-303）。

いずれにしても、新製品開発や研究開発のための組織には、多種多様な人々が存在することが明らかである。

さて、Urban et al.（1987）が統合者の役割としているマーケティングと研究開発の連携に関する研究には、Gupta（1985a;1985b;1986）や木村（2007）などがあり研究が進展しているが、研究開発担当者に向けてのIMを実証的に検討したものは少ない。そこで、本章では、接客担当者や営業担当者と比較しながら、研究開発担当者向けのIMに関する実証的考察を試みることにする。まず、研究開発部門のタスクの特徴を押さえる。そして、研究開発担当者のデータを用いて、IMの基本モデルの適用性を評価する。さらに、有効なIMミックスのあり方について検討を加えることにする。

---

[3] 他に、クリエーター（創造家）／イノベーター（発明家）、リーダー（指導者）、ストラテジスト（戦略家）、ジャッジ（審判）がいる。

第2節　研究開発部門のタスク

田村（1999）は、「優れた研究開発をするには、平均的に優れた人的資源よりも、むしろ少数でもよいから天才的な技術者が要る。一方、優れた営業力を作るには、少数の天才的な人的資源よりも、多数の平均的に優れた営業マンが要る（pp.259-260）」と述べている。つまり、企業内でも部門によって課されているタスクのタイプは異なっている。

Steiner（1972）は、個人の遂行行動と集団成果との関係から、タスクを次に5つに分類している。

①加算型タスク：各集団構成員の貢献が集団として合計されるようなタイプ

②補正型タスク：各集団構成員の判断の平均をとって集団の判断にするタイプ

③分離型タスク：各集団構成員の判断の中で特定の人間の行動や判断だけを集団の行動や判断とできるタイプ

④結合型タスク：集団が統一して行動しなければならないタイプ

⑤裁量型タスク：そのタスクをどのように遂行するかが集団の裁量に任されているタイプ

である（上田 2003）。

松尾（2002）は、このタスク分類を用いて、研究開発部門のタスクは分離型であり、営業部門のタスクは加算型であると指摘している。このように、市場と組織の境界的位置ではなく、市場から離れ組織の奥に位置し、分離型のタスクを課された研究開発担当者に向けてもIMの基本モデルは適用できるのかどうかを検討していくことにする。

第3節　調査方法

第1項　仮説

既述のIMの基本モデルに則り、構成概念間の関係は、以下の6つの仮説で説明される。ただし、研究開発担当者に対するIMでは、適応性という概念に相当する活動を想定しづらいので、割愛することにした。また、適応性の概念を除いたので、仮説番号は、接客担当者と営業担当者の仮説番号とは同一ではない。

H1：動機付けは、(a) 職務満足、(b) 成果にプラスの影響を与え、(c) 離職意図にマイナスの影響を与える

H2：権限委譲は、(a) 役割明確性、(b) 職務満足、(c) 成果にプラスの影響を与え、(d) 役割葛藤にマイナスの影響を与える

H3：役割明確性は、(a) 職務満足、(b) 成果にプラスの影響を与え、(c) 役割葛藤、(d) 離職意図にマイナスの影響を与える

H4：役割葛藤は、(a) 離職意図にプラスの影響を与え、(b) 職務満足、(c) 成果にマイナスの影響を与える

H5：成果は、(a) 職務満足にプラスの影響を与え、(b) 離職意図にマイナスの影響を与える

H6：職務満足は、離職意図にマイナスの影響を与える

第2項　サンプルとデータ収集

接客担当者および営業担当者の場合と同様に、研究開発担当者からのデータを収集するために、インターネット調査を利用した。インターネット調査は、標本抽出の代表性という観点からは問題を抱えているが、調査上のメリットから利用することとした。実施は2010年9月で、回収数は500であった。回答者の人口動態的属性は、以下のとおりである。性別については、男性＝92.2％、女性＝7.8％である。婚姻については、未婚＝38.6％、既婚＝61.4％

である。年齢の分布は、年代：20代＝8.4％、30代＝37.0％、40代＝37.2％、50代＝15.2％、60代以上＝2.2％である。地域については、北海道・東北＝2.4％、関東＝46.2％、北陸・甲信越＝4.4％、東海＝17.2％、近畿＝21.4％、中国＝3.6％、四国＝1.6％、九州・沖縄＝3.2％である。

すでに調査を行った接客担当者と営業担当者の人口動態的属性をまとめたものが**図表5－2**である。

図表のデータから次のような特徴を指摘できるであろう。第1に、全体的に営業担当者と研究開発担当者の属性は類似していることである。第2に、性別では、接客担当者は女性が6割を超えているのに対して、営業担当者と

図表5-2　被験者の人口動態的属性一覧

		接客担当者	営業担当者	研究開発担当者
性別	男性	37.8％	88.8％	92.2％
	女性	62.2％	11.2％	7.8％
婚姻	未婚	56.0％	36.8％	38.6％
	既婚	44.0％	63.2％	61.4％
年齢	平均値	36.12	40.78	41.15
	標準偏差	9.63	8.72	8.22
年代	20代以下	30.0％	8.0％	8.4％
	30代	36.8％	41.0％	37.0％
	40代	24.0％	33.6％	37.2％
	50代	7.2％	15.2％	15.2％
	60代以上	2.0％	2.2％	2.2％
地域	北海道・東北	11.4％	7.8％	2.4％
	関東	38.2％	47.0％	46.2％
	北陸・甲信越	5.4％	5.2％	4.4％
	東海	9.6％	10.4％	17.2％
	近畿	21.6％	17.6％	21.4％
	中国	4.2％	3.6％	3.6％
	四国	1.8％	2.6％	1.6％
	九州・沖縄	7.8％	5.8％	3.2％

研究開発担当者は男性が9割程度である点である。つまり、女性が多い職場と男性が多い職場の違いがある。第3に、婚姻では、接客担当者は6割弱が未婚で、営業と研究開発担当者は6割が既婚である。第4に、年代では、接客担当者は20歳以下が3割なのに対して、営業と研究開発担当者は20歳以下が1割に満たないことである。以上をまとめると、接客担当者が働いているのは若い未婚の女性が多い職場であり、営業と研究開発担当者は既婚の男性が多い職場と言えよう。

第3項　構成概念の信頼性と相関関係

接客担当者および営業担当者の結果と比較するために、同一の構成概念を用いた。構成概念の信頼性については、信頼性分析を行った。クロンバックα信頼係数は**図表5-3**のとおりである。いずれも一定の信頼性を有していると言える。また、構成概念間の相関も図表5-3に示されている。

図表5-3　構成概念の信頼係数と構成概念間の相関係数

	項目数	α係数	動機付け	権限委譲	役割明確性	役割葛藤	成果	職務満足
動機付け	7	0.777						
権限委譲	7	0.866	0.215					
役割明確性	6	0.907	0.112	0.521				
役割葛藤	8	0.88	0.015	0.071	0.298			
成果	6	0.912	0.24	0.535	0.603	0.285		
職務満足	8	0.899	0.478	0.555	0.357	-0.197	0.258	
離職意図	4	0.812	-0.064	-0.29	-0.222	0.19	-0.169	-0.447

第4節　分析、結果、議論

第1項　分析と結果

接客担当者ならびに営業担当者のデータの場合と同様に、共分散構造分析を用いて前述の仮説の検証を行った。まず、仮説モデルの適合度は次のよう

になった（**図表5－4**参照）。仮説モデルの適合度は高いとは言えないが、許容できる範囲と言えよう。

次に、仮説の検証結果を一覧表にして示したものが**図表5－5**である。

まず、第1に、動機付けを先行変数とする仮説1については、職務満足へのプラスの影響（H1a）と成果へのプラスの影響（H1b）の仮説が支持された。しかし、離職意図へのマイナスの影響（H1c）を仮定していたが、仮定とは逆に統計的に有意なプラスの影響が認められた。

図表5-4　モデル適合度

カイ2乗	自由度	有意確率	GFI	AGFI	RMSEA	NFI	RMR	CFI
2606.2	959	0.000	0.805	0.781	0.059	0.827	0.152	0.883

図表5-5　仮説検証結果一覧

仮説番号	仮		説	符号	標準化推定値	有意水準
H1a	動機付け	⇒	職務満足	（＋）	0.396	＊＊＊
H1b	動機付け	⇒	成果	（＋）	0.131	＊＊
H1c	動機付け	⇒	離職意図	（－）	0.184	＊＊
H2a	権限委譲	⇒	役割明確性	（＋）	0.521	＊＊＊
H2b	権限委譲	⇒	職務満足	（＋）	0.435	＊＊＊
H2c	権限委譲	⇒	成果	（＋）	0.292	＊＊＊
H2d	権限委譲	⇒	役割葛藤	（－）	－0.116	＊
H3a	役割明確性	⇒	職務満足	（＋）	0.254	＊＊＊
H3b	役割明確性	⇒	成果	（＋）	0.393	＊＊＊
H3c	役割明確性	⇒	役割葛藤	（－）	0.331	＊＊＊
H3d	役割明確性	⇒	離職意図	（－）	－0.063	n.s.
H4a	役割葛藤	⇒	離職意図	（＋）	0.143	＊＊
H4b	役割葛藤	⇒	職務満足	（－）	－0.268	＊＊＊
H4c	役割葛藤	⇒	成果	（－）	0.145	＊＊＊
H5a	成果	⇒	職務満足	（＋）	－0.146	＊＊
H5b	成果	⇒	離職意図	（－）	－0.098	n.s.
H6	職務満足	⇒	離職意図	（－）	－0.459	＊＊＊

第2に、権限委譲を先行変数とする仮説2については、役割明確性へのプラスの影響（H2a）、職務満足へのプラスの影響（H2b）、成果へのプラスの影響（H2c）、それに、役割葛藤へのマイナスの影響（H2d）のすべてが支持された。

　第3に、役割明確性を先行変数とする仮説3については、職務満足へのプラスの影響（H3a）と成果へのプラスの影響（H3b）は支持されたが、離職意図へのマイナスの影響（H3d）は支持されなかった。一方、役割葛藤へのマイナスの影響（H3c）を仮定していたが、仮定とは逆に有意なプラスの影響が認められた。

　第4に、役割葛藤を先行変数とする仮説4については、離職意図へのプラスの影響（H4a）と職務満足へのマイナスの影響（H4b）が支持された。しかし、成果へのマイナスの影響（H4c）を仮定していたが、仮定とは逆に有意なプラスの影響が認められた。

　第5に、成果を先行変数とする仮説5については、職務満足へのプラスの影響（H5a）を仮定していたが、仮定とは逆に有意なマイナスの影響が認められた。また、離職意図へのマイナスの影響（H5b）は支持されなかった。

　第6に、職務満足から離職意図へのマイナスの影響（H6）は支持された。

　以上を要約すると、支持された仮説は、H1a、H1b、H2a、H2b、H2c、H2d、H3a、H3b、H4a、H4b、H6であり、17の仮説中で11が採択された。一方、仮説とは逆の有意な影響が認められたものは、H1c、H3c、H4c、H5aであった。

　これらの仮説検証の結果をこれまでに行った接客担当者の場合と営業担当者の場合と比較することにより、より深く検討を加える作業を行いたいと思う。そのために、**図表5－6**は、比較のために接客担当者と営業担当者の結果も合わせて提示している。

図表5-6 仮説の検証結果

仮説番号	仮説			符号	接客担当者 標準化推定値	接客担当者 有意水準		営業担当者 標準化推定値	営業担当者 有意水準		研究開発担当者 仮説番号	研究開発担当者 標準化推定値	研究開発担当者 有意水準	
H1a	動機付け	→	適応性	(＋)	0.041	n.s.		−0.144	n.s.					
H1b	動機付け	→	職務満足	(＋)	0.241	＊＊＊		0.382	＊＊＊		H1a	0.396	＊＊＊	
H1c	動機付け	→	成果	(＋)	−0.043	n.s.		0.069	n.s.		H1b	0.131	＊＊	
H1d	動機付け	→	離職意図	(−)	−0.408	＊＊＊		−0.126	＊		H1c	0.184	＊＊	☆
H2a	権限委譲	→	適応性	(＋)	0.201	n.s.		0.298	n.s.					
H2b	権限委譲	→	役割明確性	(＋)	0.466	＊＊＊		0.519	＊＊＊		H2a	0.521	＊＊＊	
H2c	権限委譲	→	職務満足	(＋)	0.39	＊＊＊		0.256	＊＊＊		H2b	0.435	＊＊＊	
H2d	権限委譲	→	成果	(＋)	0.294	＊＊＊		0.087	n.s.		H2c	0.292	＊＊＊	
H2e	権限委譲	→	役割葛藤	(−)	−0.143	＊		−0.179	＊＊		H2d	−0.116	n.s.	
H3a	役割明確性	→	適応性	(＋)	0.406	n.s.		0.312	n.s.					
H3b	役割明確性	→	職務満足	(＋)	0.231	＊＊＊		0.288	＊＊＊		H3a	0.254	＊＊＊	
H3c	役割明確性	→	成果	(＋)	0.244	＊＊＊		0.176	＊＊		H3b	0.393	＊＊＊	
H3d	役割明確性	→	役割葛藤	(−)	0.26	＊＊＊	☆	0.386	＊＊＊	☆	H3c	0.331	＊＊＊	☆
H3e	役割明確性	→	離職意図	(−)	−0.059	n.s.		−0.256	＊＊＊		H3d	−0.063	n.s.	
H4a	役割葛藤	→	離職意図	(＋)	0.346	＊＊＊		0.272	＊＊＊		H4a	0.143	＊	
H4b	役割葛藤	→	職務満足	(−)	−0.299	＊＊＊		−0.184	＊＊＊		H4b	−0.268	＊＊＊	
H4c	役割葛藤	→	成果	(−)	0.016	n.s.		0.067	n.s.		H4c	0.145	＊＊＊	☆
H5a	適応性	→	職務満足	(＋)	0.01	n.s.		−0.055	n.s.					
H5b	適応性	→	成果	(＋)	0.183	n.s.		0.43	n.s.					
H6a	成果	→	職務満足	(＋)	−0.253	＊＊＊	☆	−0.123	＊	☆	H5a	−0.146	＊	☆
H6b	成果	→	離職意図	(−)	−0.106	＊		−0.025	n.s.		H5b	−0.098	n.s.	
H7	職務満足	→	離職意図	(−)	−0.082	n.s.		−0.126	＊		H6	−0.459	＊＊＊	

なお、＊＊＊ = p <0.001, ＊＊ = p <0.01, ＊ = p <0.05
また、☆は仮説の逆の影響が統計的に有意

第2項　議論

　まず、接客担当者、営業担当者、それに研究開発担当者の3つの場合に共通して採択された仮説は、次のとおりである。

　・動機付けは職務満足にプラスの影響を与える

・権限委譲は役割明確性にプラスの影響を与える
・権限委譲は職務満足にプラスの影響を与える
・役割明確性は職務満足にプラスの影響を与える
・役割明確性は成果にプラスの影響を与える
・役割葛藤は離職意図にプラスの影響を与える
・役割葛藤は職務満足にマイナスの影響を与える

　これらの7つの仮説で示された影響はいずれの職種にも共通するものであり、IMのミックスの有効な組合せを検討する際に、基本となる影響であると言える。

　次に、接客担当者と営業担当者では有意ではなかったが、研究開発担当者では有意になった仮説について考察を加えることにしよう。まず1つ目が、「動機付けは成果にプラスの影響を与える」という仮説である。研究開発担当者のみにプラスの影響が見られるが、接客担当者と営業担当者では有意な影響は見られなかった。この違いはタスクのタイプに起因するかもしれない。つまり、加算型タスクでは特定の人が大きな成果を上げてもタスクを達成することはできない。したがって、加算型のタスクである営業や接客では動機付けを直接に成果に結び付けることは難しいと感じてしまうのかもしれない。他方、分離型のタスクの研究開発では動機付けを成果に結び付けることはそれほど困難ではないと考えているために、この違いが生まれたと解釈できるのではないだろうか。

　次の2つ目は、「役割葛藤は成果にマイナスの影響を与える」という仮説である。接客担当者と営業担当者では有意な影響は見られなかったが、研究開発担当者では有意なプラスの影響が見られた。研究開発のような創造的な職務では適度な葛藤は成果を生むという考え方に合致するものと言えよう。また、接客担当者や営業担当者は顧客とのかかわり合いの中で役割葛藤を感じることがあるのに対して、研究開発担当者は組織の内部での役割葛藤であり、原則として顧客とのかかわりの中では役割葛藤を感じることがない点も

影響しているのかもしれない。

そして3つ目は、「職務満足は離職意図にマイナスの影響を与える」という仮説である。これは厳密に言うと接客担当者のみが有意になっていないのである。しかし、営業担当者は有意であるが推定値は小さく、研究開発担当者の推定値は大きい。つまり、職務に満足できなければ、次の職場を探すという傾向が、研究開発担当者の場合は強いのである。これも前述の分離型タスクという特徴が影響しているのかもしれない。研究開発者として有能であれば、別の職場でも活躍することができる。裏返して言えば、加算型タスクの接客担当者の場合はたとえ有能であっても、別の職場では1人で成果を上げることはできないことがわかっているので、別の職場を探すことに消極的になってしまうのではないだろうか。

これらは、研究開発職の3つの特徴と言えるかもしれないが、まだそれらの違いは仮説にすぎない。これらの違いを経験的に確認するためには、追加的な調査を行う必要があると言える。

最後に、仮説とは逆の有意な影響が認められた仮説、研究開発担当者の仮説におけるH3cとH4cおよびH1cとH5aについて考察を加えてみたい。

まず、「役割明確性は役割葛藤にマイナスの影響を与える」というH3cの仮説であるが、有意なプラスの影響が認められた。この仮説は、接客担当者および営業担当者においても同様に、有意なプラスの影響が認められている。つまり、接客担当者および営業担当者においても統計的に有意なプラスの影響が認められているので、研究開発担当者に限定された影響とは言えない。役割を明確にするということは、役割間の葛藤を高めるということになると解釈すべきであろう。単純な役割や葛藤を起こさない複数の役割であれば、明確になっても葛藤は起きないが、同時に達成することが困難な複数の役割が明確になると役割葛藤は高まると考えることができるかもしれない。たとえば、「すべての顧客のニーズに平等に対応すること」と「お得意様を大事にする」という2つの役割は、明確になればなるほど、葛藤が生じるこ

とになるであろう。確かに、役割葛藤が高まると職務満足は低下するが、成果を高めるという影響もあるので、一概に役割葛藤を下げればいいとは言い切れない。

次に、「役割葛藤は成果にマイナスの影響を与える」というH4cの仮説であるが、有意なプラスの影響が認められた。この仮説は、接客担当者および営業担当者においては、支持されなかった。つまり、接客担当者および営業担当者においては、符号はプラスであったが統計的に有意でなく、研究開発担当者においては、有意なプラスの影響が認められた。1つの解釈としては、ある種の矛盾や葛藤からイノベーションは生まれるのであり、接客担当者や営業担当者の仕事は、定型的な特性が強いが、非定型的な特性が強い研究開発の仕事では、葛藤が成果を生むというものである。つまり、研究開発担当者にとって役割葛藤は職務満足へマイナスの影響を与えるが、成果へプラスの影響を与えるという二面性も持っている点に留意すべきであろう。

第3に、「動機付けは離職意図にマイナスの影響を与える」というH1cであるが、統計的に有意なプラスの影響が確認された。この仮説は、接客担当者および営業担当者においてはこのような影響は確認されず、採択されなかった。いわば、研究開発担当者に特有な影響と言えるかもしれない。つまり、動機付けが高い研究開発担当者ほど、現在の職場に満足せずに、よりよい職場を目指したいという意図が高まるというものである。プロスポーツ選手が世界での活躍を目指して、現在の所属チームを辞めるという行為に似ている。あたかも熱くなった鍋が吹きこぼれるような現象に類似しているので、これを吹きこぼれ現象と呼ぶことにしよう。接客担当者と営業担当者でこの吹きこぼれ現象が確認されなかった点は留意すべきであろう。ただし、動機付けが高いグループで分析を行うと接客担当者と営業担当者でもこの現象が確認されるかもしれない。

第4に、「成果は職務満足にプラスの影響を与える」というH5aの仮説であるが、統計的に有意なマイナスの影響が認められた。この仮説は、接客担

当者および営業担当者においても同様に、有意なマイナスの影響が認められている。つまり、接客担当者および営業担当者においても統計的に有意なマイナスの影響が認められているので、研究開発担当者に限定された影響ではない。これについては、次のように解釈できないだろうか。つまり、成果の低い担当者は現状の職務に満足し、成果の高い担当者はさらに高い成果を求めて現状の職務に満足しないという解釈である。すなわち、高い成果を達成する人は、常に満足することなくさらに高い目標を掲げ困難なタスクに挑戦するというものである。ここではこれを求道現象と名付けることにする。この現象は、従来あまり指摘されることがなかったが、IMにおいては重要な現象と言えよう。

第5節　効果分析

　研究開発担当者へ向けての有効なIMのミックスを考えるために、ミックス要素のそれぞれについて、その影響力の大きさを比較することにする。直接効果に間接効果を加えた標準化総合効果を算出したところ、以下のような数値となった。

　まず、成果の向上を目的としたIMの場合では、効果の大きい順に、権限委譲（0.516）、役割明確性（0.437）、役割葛藤（0.142）、動機付け（0.125）となっている。次に、職務満足の向上を目的としたIMの場合では、効果の大きい順に、権限委譲（0.465）、動機付け（0.381）、役割葛藤（-0.297）、役割明確性（0.120）となっている。最後に、離職意図の低下を目的としたIMの場合では、効果の大きい順に、権限委譲（-0.233）、役割葛藤（0.230）、役割明確性（-0.041）、動機付け（-0.024）となっている。

　いずれの目的でも権限委譲が1位に来ている点は、研究開発担当者向けのIMミックスを編成する上での示唆となるであろう。しかし、2位以降に位置する変数は異なっている点にも注目すべきである。すなわち、IMの目的

が異なれば、有効な手段やその組合せが異なることに留意をすべきである。

図表5-7は、接客担当者、営業担当者、そして研究開発担当者への効果分析の結果をまとめたものである。類似している場合もあるが、全く同じ組み合わせはない点に留意すべきであろう。ただし、権限委譲だけが、いずれの目的でも、またいずれの対象でも有効な手段となっていることは注目すべき点であると言える。

図表5-7　目的別IMミックスのあり方

順位＼職種	接客担当者	営業担当者	研究開発担当者
目的	成果		
1位	権限委譲	適応性	権限委譲
2位	役割明確性	権限委譲	役割明確性
3位	適応性	役割明確性	役割葛藤
目的	職務満足		
1位	権限委譲	動機付け	権限委譲
2位	役割葛藤	権限委譲	動機付け
3位	動機付け	役割葛藤	役割葛藤
目的	離職回避		
1位	動機付け	役割葛藤	権限委譲
2位	役割葛藤	役割明確性	役割葛藤
3位	権限委譲	権限委譲	役割明確性

第6節　結語

まず、第1に、本章の分析結果から、組織の境界ではなく中心もしくは奥に位置する研究開発担当者へ向けてのIMモデルも有効であることが確認された。これまでのIMの実証研究では、研究開発担当者を標的としたIMの実証研究はほとんどなかったと言える。したがって、本研究は先駆的な意義を持つと言えるであろう。

第2に、仮説検証についてであるが、17の仮説のうち11の仮説が統計的に有意となった。また、7つの仮説は、接客担当者、営業担当者、そして、研究開発担当者に共通して統計的に有意となっている。他方、研究開発担当者の場合は有意となったが、接客担当者や営業担当者の場合は有意にならなかったものが3つ存在した。それらの違いは、研究開発担当者へのIMを立案する際のヒントとなると想定される。さらに、仮説とは逆の影響が統計的に有意となった仮説についても検討を行った。それらについてはさらなる研究の必要性が高いことがわかった。

　第3に、研究開発担当者のデータに関する効果分析の結果からは、いずれの目的でも権限委譲が1位に来ている点は、研究開発担当者向けのIMミックスを編成する上での示唆となるであろう。また、これまでの効果分析の結果をまとめると、IMミックスの有効な手段の組み合わせは、類似している場合もあるが、全く同じ組み合わせはない点に留意すべきであろう。ただし、権限委譲だけが、いずれの目的でも、またいずれの対象でも有効な手段となっていることは注目すべき点であると言える。

　本章を踏まえて、今後の課題としては、インターネット調査に対して、郵送法による業界を限定した調査結果との比較が必要となろう。また、有効なIMミックスの追加や研究開発担当者の有効なセグメンテーションのあり方について検討を加えなければならない。

第6章

小売業における販売担当者向けインターナル・マーケティングの理論

第1節　序

　本章では、小売業における販売担当者向けIMについて考察を加える。本書では、これまでに、接客担当者、営業担当者、そして研究開発担当のデータを用いて、IMの実証研究を行ってきた。いずれにもIMの基本モデルが適用できることが判明した。ここでは、基本モデルを精緻化するために、新たに組織コミットメントという構成概念をモデルに組み込むことにする。

　組織コミットメントは、組織論やマーケティング論などの領域で有用な構成概念として利用されてきており、多くの実証研究が蓄積されている。たとえば、組織コミットメントと組織成果の関係について、Porter et al. (1976) は、組織コミットメントの強度は自発的離職とマイナスの関係にあることを実証的に指摘している。また、職務満足が組織コミットメントにプラスの影響を与えることが、Brown and Peterson (1993) や MacKenzie et al (1998) などによって、販売員を対象とした研究で実証的に示されている。この組織コミットメントを組み込んだIMモデルの有効性を確認したい。

　そこで、本章の第1の課題は、IMの基本モデルに組織コミットメントを組み込んだモデル（以下では小売モデルを呼ぶことにする）は、小売業の販売担当者へ適用することができるか。つまり、IMの小売モデルは有効かどうかを吟味することである。

第2の課題は、もしIMの小売モデルが一定の有効性を有しているならば、IMの小売モデルにおいて、IMの目的が異なれば、IMミックスがどのように異なるか。具体的に言えば、IMの目的が、①成果向上、②職務満足向上、③離職意図の低減、のそれぞれの場合に、どのようなIMミックスのあり方が有効なのか。有効なIMミックスのあり方は、その目的が異なっても同一なのか、それとも異なるのか。もし、異なるとすれば、どのように異なっているのか。これらの点を検討することである。

　第3の課題は、IMの小売モデルに、市場細分化の理論を適用することである。市場細分化は、マーケティングにおける消費者志向を実践するための理論として研究されてきた。IMにおける従業員志向を実践するために、市場細分化の理論をIMに導入することを試みる。つまり、IMの小売モデルにおいて、セグメントが異なれば、IMミックスがどのように異なるかを明らかにすることである。具体的には、従業員を、①正規雇用者と非正規雇用者、②既婚者と未婚者、③男性と女性、④壮年層（40歳未満）と中年層（50歳以上）、に細分化した場合、それぞれのセグメントに対して、有効なIMミックスのあり方はどのように異なるのかを明確化することを課題とする。

　これら3つの課題に取り組むために、まずサービス業における接客担当者向けのIMの基本モデルをより精緻化し、小売業に適用させるために、組織コミットメントという構成概念を基本モデルに追加して、IMの小売モデルを構築する。次に、販売担当者のデータを用いてその有効性を検証する。IMの目的別で有効なIMミックスのあり方を明らかにする。そして、IMの小売モデルに、市場細分化の理論を適用して検討を加える。さらに、販売担当者のデータを用いて、セグメント別の有効なIMミックスのあり方を明らかにする。最後に、全体のまとめをし、本章の含意、限界、それに今後の課題について言及する。

第2節　組織コミットメントを含んだ先行研究

販売員研究の領域では、組織コミットメントと職務満足にはプラスの関係があると言われている（Bateman and Strasser 1984；Johnston et al. 1990；Brown and Peterson 1993；MacKenzie et al. 1998）。組織へのコミットメントについては、職務満足ばかりでなく成果や離職意図とも関係する可能性は、十分にあると考えられる。多くの実証研究が蓄積されている組織コミットメントは、IM の実証研究を進展させるために、実り多い構成概念と考えられる。そこで、構成概念として組織コミットメントを IM モデルに追加して、より有効なモデルの構築を試みることとする。

IM と組織コミットメントの関係について実証的に扱った研究は、少ない。主要なものとして、Caruana and Calleya（1998）と Mukherjee and Malhotra（2006）の2つの研究を挙げることができる。それでは、まず、この2つの研究の概要を見ていくことにしよう。

第1項　Caruana and Calleya（1998）の研究

彼らの研究では、まず IM を測定するために、Money and Forman（1996）の尺度を用いている。それは15の項目からなり、構想・開発・報酬という3つの次元から構成されている。

次に、組織コミットメントを測定するために、Allen and Meyer（1990）が開発した24の項目からなる尺度を用いている。その尺度は情緒的コミットメント・存続的コミットメント・規範的コミットメントという3つの次元から構成されている。

そこで使用されるデータは、地中海のマルタ共和国の銀行のマネジャーへの質問紙法で収集された。有効回答数は、171票で、64％の回収率であった。なお、回答者の72％が男性、28％が女性であった。IM を独立変数とし、組織コミットメントを従属変数として、重回帰分析を行っている。その結果は、

自由度調整済み決定係数が0.185（p＞0.001）で、プラスの影響が認められた。さらに、従属変数を情緒的組織コミットメントのみとした場合には、自由度調整済み決定係数が0.305（p＞0.001）に上昇したことが報告されている。

この研究は、IMを市場志向のようなコンセプトととらえ、IMの志向が強い組織は、その組織コミットメント、特に情緒的組織コミットメントが強くなることを示している。このように、組織コミットメントは、IMの成果変数として利用できることが示されている

第2項　Mukherjee and Malhotra（2006）の研究

彼らの研究は、電話による音声サービス・エンカウンターにおける最前線のスタッフの役割明確性[1]が、顧客に提供されるサービス・クオリティに関するスタッフの知覚に、どのように影響を与えるかを調査することを目的として、IMアプローチを採用している。そして、次の11の仮説を提示し、検証を行った。

仮説1：フィードバック[2]と役割明確性の間にはプラスの関係がある

仮説2：課業自律性[3]と役割明確性の間にはプラスの関係がある

仮説3：意思決定への参加[4]と役割明確性の間にはプラスの関係がある

1　役割明確性とは、どのように従業員が自らの仕事を遂行することが期待されているかに関しての情報が提供されている程度（Tears et al. 1979）。
2　フィードバックとは、彼もしくは彼女が当該職務により必要とされる仕事上の活動を実行した成果についての効果性に関して、直接的で明確な情報を手に入れることができる程度（Hackman and Oldam 1976）。
3　自律性とは、その個人が仕事のスケジュールを立て、仕事を実行する際に使用される手続きを決定する際に、その仕事が提供する実質的な自由、独立性、および自由裁量の程度（Hackman and Oldam 1976）。
4　意思決定への参加とは、従業員が自らの仕事についての決定に影響を与えることができる程度（Tears 1983）。
5　監督者考慮とは、リーダーの行動が部下の楽しみと福利を促進することに配慮すること（Boshoff and Mels 1995）。

仮説 4 ：監督者考慮[5]と役割明確性の間にはプラスの関係がある
仮説 5 ：チーム支援[6]と役割明確性の間にはプラスの関係がある
仮説 6 ：役割明確性と職務満足の間にはプラスの関係がある
仮説 7 ：役割明確性と組織コミットメント[7]の間にはプラスの関係がある
仮説 8 ：職務満足と組織コミットメントの間にはプラスの関係がある
仮説 9 ：役割明確性とコールセンター担当者のサービス・クオリティ[8]の間にはプラスの関係がある
仮説10：組織コミットメントとコールセンター担当者のサービス・クオリティの間にはプラスの関係がある
仮説11：職務満足とコールセンター担当者のサービス・クオリティの間にはプラスの関係がある

　その分析結果から、採択された仮説は、仮説 1 、仮説 3 、仮説 5 、仮説 6 、仮説 7 、仮説 8 、仮説 9 、それに仮説10であり、採択されなかった仮説は、仮説 2 、仮説 4 、それに仮説11であったと報告している[9]。

　このように、組織コミットメントは、役割明確性、職務満足、それにサービス・クオリティとプラスの関係があることが経験的に示されている。

　なお、彼らは、仮説 2 と仮説 4 が採択されなかった原因は、データ収集が

6　チーム支援とは、チームとしてサービス・クオリティを顧客に提供する際に、お互いに協力する支援的で役立つ同僚についての最前線の従業員の知覚（Pearson 1992）。
7　ここでは、組織コミットメントとして情緒的コミットメントを使用している。情緒的コミットメントとは、組織への従業員の感情的な、愛着、同一性、それに関与（Meyer and Allen 1991）。
8　サービス・クオリティは、従業員の自己評価で行われている。
9　彼らは、結論として「本研究は、コールセンターにおけるインターナル・マーケティングとエクスターナル（external）・マーケティングの間の関連を構築している。つまり、接客担当者が自らの仕事において期待されていることに関して明確であり、満足しかつコミットしていれば、顧客に提供されるサービス・クオリティがより高いと知覚されるという形態で、組織が外部と接点において成功を収めることを手助けするであろう（p.464）」と主張している。
10　この点については、本書のこれまでの実証研究の結果と一致する。つまり、職務満足は成果への統計的に有意なプラスの関係は、確認されていない。

コールセンターであり、対面のサービスでなかったことにあると推測している。さらに、仮説11が採択されなかったことは驚きであると記述している[10]。

第3節　調査方法

第1項　仮説と分析枠組み

　前出の2つの実証研究から、組織コミットメントが重要な構成概念であることが確認された。そこで、2つの研究結果を踏まえて、IMの基本モデルに組織コミットメントを組み込んだIMの小売モデルを構築した。それが図表6-1である。

　そして、IMの小売モデルにおける構成概念間の関係は以下の仮説で示される。

　H1：動機付けは、(a) 適応性、(b) 組織コミットメント、(c) 職務満足、

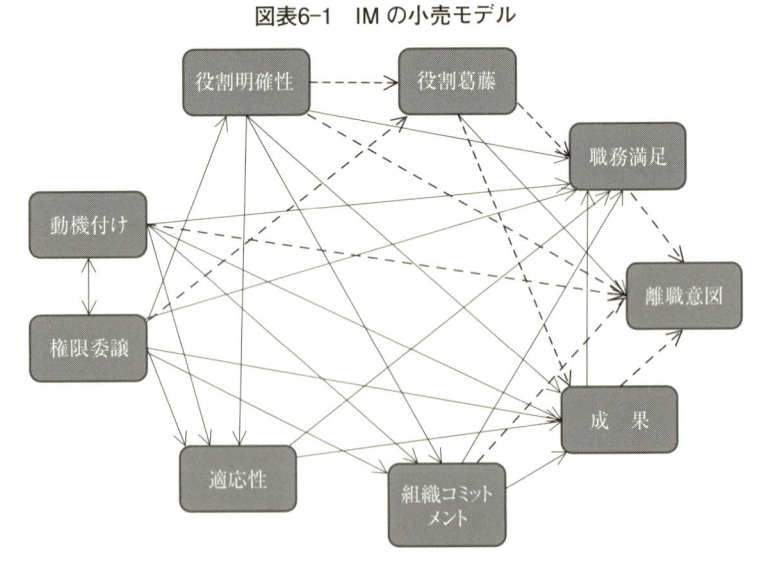

図表6-1　IMの小売モデル

なお、実線はプラスの影響を、破線はマイナスの影響を示している。

(d) 成果にプラスの影響を与え、(e) 離職意図にマイナスの影響を与える

H2：権限委譲は、(a) 適応性、(b) 組織コミットメント、(c) 役割明確性、(d) 職務満足、(e) 成果にプラスの影響を与え、(f) 役割葛藤にマイナスの影響を与える

H3：役割明確性は、(a) 適応性、(b) 組織コミットメント、(c) 職務満足、(d) 成果にプラスの影響を与え、(e) 役割葛藤、(f) 離職意図にマイナスの影響を与える

H4：役割葛藤は、(a) 離職意図にプラスの影響を与え、(b) 職務満足、(c) 成果にマイナスの影響を与える

H5：適応性は、(a) 職務満足、(b) 成果にプラスの影響を与える

H6：組織コミットメントは、(a)職務満足、(b)成果にプラスの影響を与え、(c) 離職意図にマイナスの影響を与える

H7：成果は、(a) 職務満足にプラスの影響を与え、(b) 離職意図にマイナスの影響を与える

H8：職務満足は、離職意図にマイナスの影響を与える

それでは、次にこれらの仮説を検証する作業に移ることにする。

第2項　サンプルとデータ収集

小売業において販売職に従事する人からデータを収集するために、インターネット調査[11]を利用した。実施は2012年9月で、回収数は500であった。

---

[11] 繰り返しになるが、標本抽出の代表性という観点では問題を抱えているが、調査上のメリットから利用した（井上 2007）。郵送法と比較すると、予算が軽減でき、調査対象を絞り込みやすく、短期間で実施できるなどのメリットからインターネット調査を採用した。なお、小川（2009）は、「統計的なサンプリングを議論することは、もはや現実的な意味を失っている。それよりもネット調査による統計的な標本バイアスを修正する方法を探索することがリサーチの課題としては大切になってきている」と指摘している。

回答者の人口動態的属性は以下のとおりである。性別については、男性＝54.8％、女性＝45.2％である。婚姻については、未婚＝51.8％、既婚＝48.2％である。年齢については、平均値＝42.93、標準偏差＝9.62である。年代の分布は、20代＝7.2％、30代＝31.5％、40代＝36.2％、50代＝21.4％、60代以上＝3.6％である。地域については、北海道・東北＝10.8％、関東＝38.4％、北陸・甲信越＝5.2％、東海＝13.2％、近畿＝17.8％、中国＝5.6％、四国＝2.2％、九州・沖縄＝6.8％である。

属性の全体的特徴としては、接客担当者に類似していると言えよう。性別では、男性のほうが多いが5割強であり、営業担当者や研究開発担当者のように9割とはなっていない。また、婚姻については、接客担当者の場合のように未婚のほうが多い。ただし、年代は営業担当者や研究開発担当者の分布に近いと言える。

第3項　構成概念の信頼性と相関関係

これまでの調査と比較するために同一の構成概念を用いた。

構成概念の信頼性については、信頼性分析を行った。クロンバックの α 信

図表6-2　構成概念の信頼係数と構成概念間の相関表

	項目数	α係数	権限委譲	動機付け	役割明確性	組織コミットメント	適応性	役割葛藤	成果	職務満足
権限委譲	6	0.858								
動機付け	7	0.84	0.275							
役割明確性	6	0.858	0.42	0.116						
組織コミットメント	3	0.925	0.385	0.611	0.296					
適応性	10	0.808	0.369	0.106	0.438	0.191				
役割葛藤	8	0.876	0.069	0.019	0.197	0.054	0.083			
成果	6	0.917	0.343	0.171	0.549	0.217	0.422	0.145		
職務満足	8	0.885	0.41	0.476	0.273	0.677	0.204	−0.188	0.229	
離職意図	4	0.813	−0.216	−0.292	−0.25	−0.32	−0.13	0.189	−0.141	−0.422

頼係数は図表6-2のとおりである。いずれも一定の信頼性を有していると言える。また、構成概念間の相関は、図表6-2に示されているとおりである。

第4節 分析、結果、議論

第1項 分析と結果

　これまでと同様に、共分散構造分析を用いて、前述の仮説を検証した。まず、仮説モデルの適合度[12]は以下のようになった（**図表6-3参照**）。仮説モデルの適合度は高いとは言えないが許容できる範囲と言えよう。

　そこで、次に、設定された仮説の検証作業の結果を提示する。**図表6-4**は検証結果の一覧表である。なお、図表にはIMの基本モデルで利用した接客担当者の検証結果と比較するために、接客担当者の検証結果を追加した。

　まず第1に、動機付けを先行変数とする仮説1については、H1bとH1dは支持されたが、それ以外の仮説H1a、H1c、H1eは支持されなかった。

　第2に、権限委譲を先行変数とする仮説2については、H2a、H2b、H2c、H2dは支持されたが、H2eとH2fは支持されなかった。

　第3に、役割明確性を先行変数とする仮説3については、H3a、H3b、H3d、H3fは支持されたが、H3cは支持されなかった。なお、H3eは逆の影響が支持された。

　第4に、役割葛藤を先行変数とする仮説4では、H4a、H4bは支持されたが、H4cは支持されなかった。

　第5に、適応性を先行変数とする仮説5では、H5bは支持されたが、

図表6-3　モデル適合度

カイ2乗	自由度	有意確率	GFI	AGFI	RMSEA	NFI	RMR	CFI
4180.55	1612	0.000	0.768	0.745	0.057	0.784	0.161	0.855

12　それぞれの適合度の定義は、第3章のp.51を参照のこと。

図表6-4　仮説の検証結果一覧

仮説			符号	販売担当者			接客担当者		
				仮説番号	標準化推定値	有意水準	仮説番号	標準化推定値	有意水準
動機付け	→	適応性	(＋)	H1a	0.003	n.s.	H1a	0.041	n.s.
動機付け	→	職務満足	(＋)	H1c	0.098	n.s.	H1b	0.241	＊＊＊
動機付け	→	成果	(＋)	H1d	0.122	＊	H1c	−0.043	n.s.
動機付け	→	離職意図	(−)	H1e	−0.11	n.s.	H1d	−0.408	＊＊＊
権限委譲	→	適応性	(＋)	H2a	0.219	＊＊＊	H2a	0.201	n.s.
権限委譲	→	役割明確性	(＋)	H2c	0.395	＊＊＊	H2b	0.466	＊＊＊
権限委譲	→	職務満足	(＋)	H2d	0.146	＊＊	H2c	0.39	＊＊＊
権限委譲	→	成果	(＋)	H2e	0.077	n.s.	H2d	0.294	＊＊＊
権限委譲	→	役割葛藤	(−)	H2f	−0.024	n.s.	H2e	−0.143	＊
役割明確性	→	適応性	(＋)	H3a	0.334	＊＊＊	H3a	0.406	n.s.
役割明確性	→	職務満足	(＋)	H3c	0.01	n.s.	H3b	0.231	＊＊＊
役割明確性	→	成果	(＋)	H3d	0.421	＊＊＊	H3c	0.244	＊＊＊
役割明確性	→	役割葛藤	(−)	H3e	0.181	＊＊	H3d	0.26	＊＊＊
役割明確性	→	離職意図	(−)	H3f	−0.212	＊＊＊	H3e	−0.059	n.s.
役割葛藤	→	離職意図	(＋)	H4a	0.158	＊＊	H4a	0.346	＊＊＊
役割葛藤	→	職務満足	(−)	H4b	−0.222	＊＊＊	H4b	−0.299	＊＊＊
役割葛藤	→	成果	(−)	H4c	0.035	n.s.	H4c	0.016	n.s.
適応性	→	職務満足	(＋)	H5a	0.04	n.s.	H5a	0.01	n.s.
適応性	→	成果	(＋)	H5b	0.192	＊＊＊	H5b	0.183	n.s.
成果	→	職務満足	(＋)	H7a	0.072	n.s.	H6a	−0.253	＊＊＊
成果	→	離職意図	(−)	H7b	0.026	n.s.	H6b	−0.106	＊
職務満足	→	離職意図	(−)	H8	−0.233	＊＊	H7	−0.082	n.s.
動機付け	→	組織コミットメント	(＋)	H1b	0.564	＊＊＊			
権限委譲	→	組織コミットメント	(＋)	H2b	0.162	＊＊＊			
役割明確性	→	組織コミットメント	(＋)	H3b	0.157	＊＊＊			
組織コミットメント	→	職務満足	(＋)	H6a	0.535	＊＊＊			
組織コミットメント	→	成果	(＋)	H6b	−0.046	n.s.			
組織コミットメント	→	離職意図	(−)	H6c	−0.027	n.s.			

＊＊＊ ＝ p <0.001, ＊＊ ＝ p <0.01, ＊ ＝ p <0.05

H5aは棄却された。

　第6に、組織コミットメントを先行変数とする仮説6については、H6aは

支持されたが、H6bとH6cは棄却された。

第7に、成果を先行変数とする仮説7については、H7a、H7bともに支持されなかった。

第8に、職務満足は離職意図にマイナスの影響を与えるという仮説8は支持された。

以上を要約すると、支持された仮説は、H1b、H1d、H2a、H2b、H2c、H2d、H3a、H3b、H3d、H3f、H4a、H4b、H5b、H6a、H8であり、28の仮説の中で15が採択された。

第2項　議論

今回のモデルに導入した組織コミットメントにかかわる仮説は6つあるが、そのうちの2つ、すなわち組織コミットメントが成果に、および組織コミットメントが離職意図に影響を与えるという仮説は採択されなかった。Caruana and Calleya（1998）では、組織コミットメントは、サービス・クオリティとプラスの関係があることが経験的に示されていた。サービス・クオリティは成果であると解釈できるので、組織コミットメントは成果にプラスの影響を与えるとは言えないという今回の検証結果は、Caruana and Calleya（1998）のサービス・クオリティとプラスの関係があるという検証結果に対しての1つの反証となった。

接客担当者に対する検証結果と今回の販売担当者に対する検証結果を比較してみよう。

接客担当者と販売担当者でともに採択された仮説は、
・権限委譲は適応性、役割明確性、それに職務満足にプラスの影響を与える
・役割明確性は適応性と成果にプラスの影響を与える
・役割葛藤は離職意図にプラスの影響を与え、職務満足にマイナスの影響を与える

・適応性は成果にプラスの影響を与える

であった。

他方、接客担当者の場合は棄却されたが販売担当者の場合に採択された仮説は、

・動機付けは成果にプラスの影響を与える
・役割明確性は離職意図にマイナスの影響を与える
・職務満足は離職意図にマイナスの影響を与える

であった。

以上の仮説検証の作業から、サービス業におけるIMの基本モデルに組織コミットメントを追加した小売業の販売担当者向けのIMモデル（IMの小売モデル）は、一定の有効性を有していることが明らかとなった。そこで、次に、IMのミックスのあり方について、考察を加えることにする。具体的に言えば、IMの目的ごとに、有効なIMミックスのあり方を探っていくこととする。

第5節　効果分析

第2章のIMの定義で明示されているように、IMの目的として、①成果向上、②職務満足向上、それに③離職回避が設定されている。いずれを目的とする場合でも、IMミックスのあり方は同一でよいのであろうか。目的にかかわらず、唯一最善のミックスの仕方が存在するのだろうか。それとも目的ごとに最適なミックスのあり方が異なるのであろうか。この節では、IMの目的ごとのミックスのあり方について検討をする。そのために、IMミッ

13　豊田（1998）では、「直接効果は、当該予測変数以外の変数を一定にしたという条件の下で、当該予測変数を1単位上昇させたときの基準変数の変化の期待値。総合効果は、モデル中の外生変数をすべて一定にし、そこから該当予測変数を1単位上昇させ、その影響を他の変数に波及させたときの基準変数の変化の期待値。間接効果は、総合効果と直接効果の差（p.193）」と定義されている。

クスのそれぞれの要因の直接効果と間接効果を算出して、それらを合計した総合効果[13]を明示して、分析を行うこととする。

　図表6-5は、直接効果を算出したものである。初めに、販売担当者における直接効果を見ることにする。まず、成果を目的とした場合には、役割明確性が最も効果が高く（0.42）、2番目に適応性（0.204）、3番目に動機付け（0.104）という順位になっている。次に、職務満足を目的とした場合には、組織コミットメントが最も効果が高く（0.55）、2番目に役割葛藤（－0.248）、3番目に権限委譲（0.148）という順位になっている。最後に、離職意図の低減を目的とした場合には、役割明確性が最も効果が高く（－0.215）、2番目に役割葛藤（0.179）、3番目に動機付け（－0.149）という順位になっている。

　次に、**図表6-6**は、間接効果を算出したものである。販売担当者への間接効果を見ると、まず、成果を目的とした場合には、権限委譲が最も効果が高く（0.245）、2番目に役割明確性（0.072）、3番目に動機付け（－0.021）という順位になっている。次に、職務満足を目的とした場合には、動機付けが最も効果が高く（0.304）、2番目に権限委譲（0.154）、3番目に役割明確性（0.064）という順位になっている。最後に、離職意図の低減を目的とした場合には、組織コミットメントと権限委譲が最も効果が高く（－0.147）、3番目に動機付け（－0.103）という順位になっている。

　最後に、直接効果と間接効果を合成した販売担当者における総合効果を算

図表6-5　標準化直接効果

	権限委譲	動機付け	役割明確性	組織コミットメント	適応性	役割葛藤
役割明確性	0.42	0	0	0	0	0
組織コミットメント	0.166	0.547	0.163	0	0	0
適応性	0.224	0.005	0.343	0	0	0
役割葛藤	－0.017	0	0.204	0	0	0
成果	0.075	0.104	0.42	－0.041	0.204	0.04
職務満足	0.148	0.088	0.058	0.55	0.012	－0.248
離職意図	0	－0.149	－0.215	－0.003	0	0.179

出したものが図表6－7である。まず、成果を目的とした場合には、役割明確性が最も効果が高く（0.492）、2番目に権限委譲（0.32）、3番目に適応性（0.204）という順位になっている。次に、職務満足を目的とした場合には、組織コミットメントが最も効果が高く（0.549）、2番目に動機付け（0.393）、3番目に権限委譲（0.302）という順位になっている。最後に、離職意図の低減を目的とした場合には、動機付けが最も効果が高く（－0.252）、2番目に役割葛藤(0.246)、3番目に役割明確性(－0.193)という順位になっている。

以上のことから、小売業の販売担当者を対象とした場合では、成果を目的としたIMミックスは役割明確性を中心とし、職務満足を目的としたIMミックスは組織コミットメントを中心とし、離職意図の低減を目的としたIMミックスは動機付けを中心とすることが有効であることが判明した。

図表6-6　標準化間接効果

	権限委譲	動機付け	役割明確性	組織コミットメント	適応性	役割葛藤
役割明確性	0	0	0	0	0	0
組織コミットメント	0.068	0	0	0	0	0
適応性	0.144	0	0	0	0	0
役割葛藤	0.086	0	0	0	0	0
成果	0.245	－0.021	0.072	0	0	0
職務満足	0.154	0.304	0.064	－0.002	0.009	0.002
離職意図	－0.147	－0.103	0.022	－0.147	0.002	0.067

図表6-7　標準化総合効果

	権限委譲	動機付け	役割明確性	組織コミットメント	適応性	役割葛藤
役割明確性	0.42	0	0	0	0	0
組織コミットメント	0.234	0.547	0.163	0	0	0
適応性	0.368	0.005	0.343	0	0	0
役割葛藤	0.069	0	0.204	0	0	0
成果	0.32	0.083	0.492	－0.041	0.204	0.04
職務満足	0.302	0.393	0.122	0.549	0.021	－0.247
離職意図	－0.147	－0.252	－0.193	－0.151	0.002	0.246

以上をまとめると次のようになる。まず、組織コミットメントを含んだIMの小売モデルは、一定の有効性を有していると言える。そして、動機付け、権限委譲、それに役割明確性は、いずれも組織コミットメントにプラスの影響を与え、そして組織コミットメントは職務満足にプラスの影響を与えるという影響の連鎖が統計的に有意となった。しかし、組織コミットメントが成果にプラスの影響を与えること、および離職意図にマイナスの影響を与えるという仮説は、採択されなかった。さらに、IMミックスの仕方は、唯一最善なあり方が存在するのではなく、IMの目的ごとに最適なミックスのあり方は異なることが明らかとなった。効果分析によって、IMの目的が、①成果向上の場合は役割明確性が、②職務満足向上の場合は組織コミットメントが、そして③離職回避の場合は動機付けが、それぞれ最も有効であることが判明した。

第6節　雇用形態による細分化

小売業は非正規雇用者が多い業界である（Berman and Evans 1998, 今野・佐藤 2009）。非正規雇用者、いわゆる非正社員もいくつかのタイプの就業形態に分類されている。厚生労働省の調査では、現在の就業形態を選んだ理由（労働者割合）の集計結果として、**図表6－8**を挙げている。正社員以外の労働者でも現在の就業形態を選んだ理由はかなり異なっている。たとえば、契約社員[14]や嘱託社員[15]では「専門的な資格・技能を活かせるから」を選んだ割合が最も多く、派遣労働者[16]では「正社員として働ける会社がなかったから」の割合が1位で、臨時的雇用者[17]やパートタイム労働者[18]では「自分の都合のよい時間に働けるから」の割合が最も多いことが、図表6－8か

---

[14] 特定業種に従事し、専門的能力の発揮を目的として雇用期間を定めて契約する者。
[15] 定年退職者などを一定期間再雇用する目的で契約し、雇用する者。
[16] 「労働者派遣法」に基づき派遣元事業所から派遣されてきている者。
[17] 臨時的または日々雇用している労働者で、雇用期間が1ヶ月以内の者。

らわかる。

これまでのIMの研究では、従業員を正規と非正規に分けて検討することはほとんどなかったと言える。未開拓の領域なので、探索的ではあるが、IMの小売モデルにおける正規雇用者と非正規雇用者の違いに着目して、分析を試みることにする。

第1項　仮説検証

先に利用した販売担当者データを正規雇用（n＝250）と非正規雇用（n＝250）に分けて、共分散構造分析における多母集団の同時分析を行った。分析結果は、図表6－9である。まず、正規雇用者と非正規雇用者に共通して統計的に有意になった仮説は、次のとおりである。

H1b：動機付けは組織コミットメントにプラスの影響を与える

H2a：権限委譲は適応性にプラスの影響を与える

H2b：権限委譲は組織コミットメントにプラスの影響を与える

H2c：権限委譲は役割明確性にプラスの影響を与える

H2d：権限委譲は職務満足にプラスの影響を与える

H3a：役割明確性は適応性にプラスの影響を与える

H3b：役割明確性は組織コメットメントにプラスの影響を与える

H3d：役割明確性は成果にプラスの影響を与える

H3f：役割明確性は離職意図にマイナスの影響を与える

H5b：適応性は職務満足にプラスの影響を与える

H6b：組織コミットメントは成果にプラスの影響を与える

H8：職務満足は離職意図にマイナスの影響を与える

次に、正規雇用者のみが統計的に有意になった仮説は、

H2f：権限委譲は役割葛藤にマイナスの影響を与える

18　正社員より1日の所定労働時間が短いか、1週の所定労働日数が少ない労働者で、雇用期間が1ヶ月を超えるか、または定めがない者。

第6章 小売業における販売担当者向けインターナル・マーケティングの理論　115

図表6-8　現在の就業形態を選んだ理由（労働者割合）

(複数回答3つまで)、(単位：％)

区分	正社員以外の労働者(出向社員を除く)計	専門的な資格・技能を活かせるから	より収入の多い仕事に従事したかったから	自分の都合のよい時間に働けるから	勤務時間や勤務日数が短いから	簡単な仕事で責任も少ないから	就業調整(年収の調整や労働時間の調整)をしたいから	家計の補助、学費等を得たいから
正社員以外の労働者（出向社員を除く）	100.0	18.6	8.3	38.8	15.4	9.9	4.8	33.2
男	100.0	29.1	11.6	30.0	13.0	13.2	3.7	15.1
女	100.0	13.1	6.6	43.4	16.6	8.2	5.4	42.6
前回［平成19年］	[100.0]	[14.9]	[8.8]	[42.0]	[15.5]	[9.4]	[5.5]	[34.8]
契約社員	100.0	41.0	15.9	11.8	7.8	5.3	1.8	16.9
嘱託社員	100.0	43.7	12.6	9.3	10.5	10.7	6.6	23.5
派遣労働者	100.0	21.1	17.2	20.6	10.1	13.4	1.5	17.7
登録型	100.0	17.0	16.3	23.9	10.7	10.7	2.0	21.8
常用雇用型	100.0	25.9	18.2	16.8	9.3	16.6	0.9	13.0
臨時的雇用者	100.0	12.8	4.4	50.5	28.2	13.4	2.9	26.5
パートタイム労働者	100.0	12.5	4.7	50.2	18.9	10.1	5.9	39.6
その他	100.0	18.4	13.1	27.4	7.7	9.7	3.2	28.9

区分	自分で自由に使えるお金を得たいから	通勤時間が短いから	組織に縛られたくなかったから	正社員として働ける会社がなかったから	家庭の事情(家事・育児・介護等)や他の活動(趣味・学習等)と両立しやすいから	体力的に正社員として働けなかったから	その他
正社員以外の労働者（出向社員を除く）	21.4	25.2	3.7	22.5	24.5	3.2	5.9
男	22.1	16.0	6.5	29.9	7.6	3.8	9.5
女	21.0	30.0	2.2	18.6	33.3	2.9	4.1
前回［平成19年］	[20.8]	[23.2]	[6.6]	[18.9]	[25.3]	[2.9]	[11.4]
契約社員	11.9	16.9	6.3	34.4	12.4	2.0	11.7
嘱託社員	13.1	13.1	2.9	19.0	5.4	3.5	21.6
派遣労働者	14.7	14.4	9.3	44.9	15.6	1.6	6.1
登録型	17.4	14.0	9.9	46.3	21.2	2.1	6.5
常用雇用型	11.6	14.9	8.7	43.2	9.1	1.0	5.5
臨時的雇用者	26.5	15.4	10.2	14.2	28.2	2.0	2.5
パートタイム労働者	24.7	29.5	2.4	16.0	30.9	3.8	3.1
その他	20.1	23.0	4.2	34.0	16.6	2.3	8.0

注：1）正社員及び出向社員については、調査していない。
　　2）正社員・出向社員以外の労働者のうち、現在の就業形態を選んだ理由を回答した者について集計した。
　　3）「就業調整」とは、所得税の非課税限度額及び雇用保険、厚生年金等の加入要件に関する調整を行うことをいう。
出所：厚生労働省（2011）『平成22年度就業形態の多様化に関する総合実態調査』p.21.

図表6-9 仮説検定一覧表

仮説番号	符号	仮説			正規雇用 標準化推定値	正規雇用 有意水準	非正規雇用 標準化推定値	非正規雇用 有意水準	一対比較
H1a	（＋）	動機付け	→	適応性	0.004	n.s.	0.025	n.s.	0.231
H1b	（＋）	動機付け	→	組織コミットメント	0.532	＊＊＊	0.577	＊＊＊	－4.545
H1c	（＋）	動機付け	→	職務満足	0.004	n.s.	0.162	＊	1.579
H1d	（＋）	動機付け	→	成果	0.065	n.s.	0.171	＊	0.785
H1e	（－）	動機付け	→	離職意図	－0.06	n.s.	－0.164	n.s.	－0.721
H2a	（＋）	権限委譲	→	適応性	0.181	＊	0.183	＊	0.089
H2b	（＋）	権限委譲	→	組織コミットメント	0.182	＊＊	0.159	＊＊	－0.273
H2c	（＋）	権限委譲	→	役割明確性	0.512	＊＊＊	0.305	＊＊＊	－1.453
H2d	（＋）	権限委譲	→	職務満足	0.213	＊＊	0.192	＊＊	－0.051
H2e	（＋）	権限委譲	→	成果	0.149	n.s.	n.s.	n.s.	－1.083
H2f	（－）	権限委譲	→	役割葛藤	－0.377	＊＊＊	0.089	n.s.	5.995
H3a	（＋）	役割明確性	→	適応性	0.387	＊＊＊	0.31	＊＊＊	－0.899
H3b	（＋）	役割明確性	→	組織コミットメント	0.136	＊	0.161	＊＊	0.052
H3c	（＋）	役割明確性	→	職務満足	－0.143	n.s.	n.s.	n.s.	2.119
H3d	（＋）	役割明確性	→	成果	0.378	＊＊＊	0.434	＊＊＊	－0.472
H3e	（－）	役割明確性	→	役割葛藤	0.5	＊＊＊	0.041	n.s.	－3.527
H3f	（－）	役割明確性	→	離職意図	－0.186	＊	－0.185	＊	0.369
H4a	（＋）	役割葛藤	→	離職意図	0.079	n.s.	0.279	＊＊＊	1.375
H4b	（－）	役割葛藤	→	職務満足	－0.033	n.s.	－0.307	＊＊＊	－2.828
H4c	（－）	役割葛藤	→	成果	0.072	n.s.	0.048	n.s.	－0.44
H5a	（＋）	適応性	→	職務満足	0.041	n.s.	0.055	n.s.	0.173
H5b	（＋）	適応性	→	成果	0.15	＊	0.236	＊＊	0.44
H6a	（＋）	組織コミットメント	→	成果	－0.014	n.s.	－0.059	n.s.	－0.345
H6b	（＋）	組織コミットメント	→	職務満足	0.629	＊＊＊	0.456	＊＊＊	－1.076
H6c	（－）	組織コミットメント	→	離職意図	－0.02	n.s.	0.004	n.s.	0.16
H7a	（＋）	成果	→	職務満足	0.175	＊＊	－0.079	n.s.	－2.372
H7b	（－）	成果	→	離職意図	0.076	n.s.	－0.074	n.s.	－1.285
H8	（－）	職務満足	→	離職意図	－0.291	＊	－0.241	＊	0.664

＊＊＊ ＝ $p < 0.001$, ＊＊ ＝ $p < 0.01$, ＊ ＝ $p < 0.05$

H3e：役割明確性は役割葛藤にプラスの影響を与える

H7a：成果は職務満足にプラスの影響を与える

である。

他方、非正規雇用者のみが統計的に有意になった仮説は、

H1c：動機付けは職務満足にプラスの影響を与える

H1d：動機付けは成果にプラスの影響を与える

H4a：役割葛藤は離職意図にプラスの影響を与える

H4b：役割葛藤は職務満足にマイナスの影響を与える

である。

このように、正規雇用者と非正規雇用者で統計的に有意になった仮説は異なるが、その標準化推定値が等しいとは言えないと統計的に解釈できるかどうかを分析した。つまり、正規雇用と非正規雇用のそれぞれの標準化推定値間の差についての検定を行った。図表6－9の一対比較の欄に検定統計量が記されている。有意水準を0.05として分析をする場合は、絶対値が1.96を超えているため、それぞれの標準化推定値は等しくないと解釈される（田部井 2001）。したがって、図表から次の仮説の標準化推定値が等しくないと解釈される。すなわち、H1b、H2f、H3c、H3e、H4b、H7aである。

第1に、H1bについては、ともにプラスの影響が統計的に有意であるが、非正規雇用のほうが正規雇用よりも動機付けが組織コミットメントに与えるプラスの影響が強いと言えることになる。第2に、H2fについては、正規雇用のみが統計的に有意となっているが、非正規と比較した場合にもそれが当てはまることになる。つまり、正規雇用のみが権限委譲されると役割葛藤が低下するということになる。第3に、H3cはともに有意にはなっていないが、その推定値は等しくないと解釈される。第4に、H3eは正規雇用者のみが統計的に有意となっているが、非正規雇用と比較した場合にもそれが当てはまることになる。つまり、正規雇用者のみが役割明確性が増加すると役割葛藤も増加することになる。第5に、H4bに関しては非正規雇用のみが統計的

に有意となっているが、正規雇用と比較した場合にもそれが当てはまることになる。すなわち、非正規雇用者で、役割葛藤が増加すると職務満足が低下することなる。H7aは正規雇用のみが統計的に有意となっているが、非正規と比較した場合にもそれが当てはまることになる。つまり、正規雇用者の場合のみ成果が向上すると職務満足が増加することになる。

第2項　雇用形態別によるIMミックスのあり方

正規雇用者と非正規雇用者に分けて、IMのミックス要素である権限委譲、動機付け、役割明確性、組織コミットメント、適応性、それに役割葛藤が、直接的ならびに間接的にIMの目的である成果、職務満足、それに離職意図に影響を与えるかを分析することにする。具体的には、直接効果、間接効果、それに総合効果の値を検討する。

（1）　正規雇用者をセグメントとするIMミックスのあり方

初めに、正規雇用者における直接効果を見ることにする。図表6-10は、直接効果を算出したものである。まず、成果を目的とした場合には、役割明確性が最も効果が高く（0.37）、2番目に適応性（0.173）、3番目に権限委譲（0.148）という順位になっている。次に、職務満足を目的とした場合には、組織コミットメントが最も効果が高く（0.636）、2番目に権限委譲（0.176）、3番目に役割葛藤（-0.068）という順位になっている。最後に、離職意図

図表6-10　標準化直接効果（正規雇用）

	権限委譲	動機付け	役割明確性	組織コミットメント	適応性	役割葛藤
役割明確性	0.53	0	0	0	0	0
組織コミットメント	0.181	0.522	0.142	0	0	0
適応性	0.173	0.008	0.418	0	0	0
役割葛藤	-0.368	0	0.518	0	0	0
成果	0.148	0.046	0.37	-0.01	0.173	0.071
職務満足	0.176	0.039	-0.052	0.636	0.016	-0.068
離職意図	0	-0.111	-0.193	0.027	0	0.111

の低減を目的とした場合には、役割明確性が最も効果が高く（−0.193）、2番目に役割葛藤（0.111）、同様に2番目に動機付け（−0.111）という順位になっている。

次に、正規雇用者への間接効果を見ることにする。**図表6－11**は、間接効果を算出したものである。まず、成果を目的とした場合には、権限委譲が最も効果が高く（0.255）、2番目に役割明確性（0.107）、3番目に動機付け（−0.004）という順位になっている。次に、職務満足を目的とした場合には、動機付けが最も効果が高く（0.337）、2番目に権限委譲（0.195）、3番目に役割明確性（0.118）という順位になっている。最後に、離職意図の低減を目的とした場合には、組織コミットメントが最も効果が高く（−0.224）、2番目に権限委譲（−0.187）、3番目に動機付け（−0.113）という順位になっている。

最後に、直接効果と間接効果を合成した正規雇用者における総合効果を見ることにする。**図表6－12**は、総合効果を算出したものである。まず、成果を目的とした場合には、役割明確性が最も効果が高く（0.478）、2番目に権限委譲（0.404）、3番目に適応性（0.173）という順位になっている。次に、職務満足を目的とした場合には、組織コミットメントが最も効果が高く（0.635）、2番目に動機付け（0.377）、3番目に権限委譲（0.371）という順位になっている。最後に、離職意図の低減を目的とした場合には、動機付け

図表6-11　標準化間接効果（正規雇用）

	権限委譲	動機付け	役割明確性	組織コミットメント	適応性	役割葛藤
役割明確性	0	0	0	0	0	0
組織コミットメント	0.075	0	0	0	0	0
適応性	0.222	0	0	0	0	0
役割葛藤	0.275	0	0	0	0	0
成果	0.255	−0.004	0.107	0	0	0
職務満足	0.195	0.337	0.118	−0.001	0.02	0.008
離職意図	−0.187	−0.113	0.096	−0.224	0.008	0.029

図表6-12　標準化総合効果（正規雇用）

	権限委譲	動機付け	役割明確性	組織コミットメント	適応性	役割葛藤
役割明確性	0.53	0	0	0	0	0
組織コミットメント	0.256	0.522	0.142	0	0	0
適応性	0.395	0.008	0.418	0	0	0
役割葛藤	-0.093	0	0.518	0	0	0
成果	0.404	0.042	0.478	-0.01	0.173	0.071
職務満足	0.371	0.377	0.066	0.635	0.036	-0.059
離職意図	-0.187	-0.224	-0.097	-0.197	0.008	0.14

が最も効果が高く（-0.224）、2番目に組織コミットメント（-0.197）、3番目に権限委譲（-0.187）という順位になっている。

　以上のことから、正規雇用者がセグメントの場合、成果を目的としたIMミックスは役割明確性を中心とし、職務満足を目的としたIMミックスは組織コミットメントを中心とし、離職意図の低減を目的としたIMミックスは動機付けを中心とすることが有効であることが判明した。

(2)　非正規雇用者をセグメントとするIMミックスのあり方

　続いて、非正規雇用者における直接効果を見ることにする。**図表6-13**は、直接効果を算出したものである。まず、成果を目的とした場合には、役割明確性が最も効果が高く（0.431）、2番目に適応性（0.245）、3番目に動機付け（0.164）という順位になっている。次に、職務満足を目的とした場合には、組織コミットメントが最も効果が高く（0.474）、2番目に役割葛藤（-0.326）、3番目に権限委譲（0.201）という順位になっている。最後に、離職意図の低減を目的とした場合には、役割葛藤が最も効果が高く（0.285）、2番目に役割明確性（-0.185）、同様に2番目に動機付け（-0.185）という順位になっている。

　次に、非正規雇用者への間接効果を見ることにする。**図表6-14**は、間接効果を算出したものである。まず、成果を目的とした場合には、権限委譲が最も効果が高く（0.206）、2番目に役割明確性（0.072）、3番目に動機付け

（−0.026）という順位になっている。次に、職務満足を目的とした場合には、動機付けが最も効果が高く（0.255）、2番目に権限委譲（0.089）、3番目に役割明確性（0.026）という順位になっている。最後に、離職意図の低減を目的とした場合には、組織コミットメントが最も効果が高く（−0.123）、2番目に権限委譲（−0.122）、3番目に動機付け（−0.105）という順位になっている。

　最後に、直接効果と間接効果を合成した非正規雇用者における総合効果を見ることにする。図表6−15は、総合効果を算出したものである。まず、成果を目的とした場合には、役割明確性が最も効果が高く（0.503）、2番目に権限委譲（0.255）、3番目に適応性（0.245）という順位になっている。次に、職務満足を目的とした場合には、組織コミットメントが最も効果が高

図表6-13　標準化直接効果（非正規雇用）

	権限委譲	動機付け	役割明確性	組織コミットメント	適応性	役割葛藤
役割明確性	0.328	0	0	0	0	0
組織コミットメント	0.16	0.56	0.169	0	0	0
適応性	0.182	0.03	0.317	0	0	0
役割葛藤	0.093	0	0.072	0	0	0
成果	0.049	0.164	0.431	−0.059	0.245	0.06
職務満足	0.201	0.136	0.108	0.474	0.035	0.326
離職意図	0	−0.185	−0.185	0.019	0	0.285

図表6-14　標準化間接効果（非正規雇用）

	権限委譲	動機付け	役割明確性	組織コミットメント	適応性	役割葛藤
役割明確性	0	0	0	0	0	0
組織コミットメント	0.055	0	0	0	0	0
適応性	0.104	0	0	0	0	0
役割葛藤	0.024	0	0	0	0	0
成果	0.206	−0.026	0.072	0	0	0
職務満足	0.089	0.255	0.026	0.005	−0.02	−0.005
離職意図	−0.122	−0.105	−0.053	−0.123	−0.024	0.084

図表6-15　標準化総合効果（非正規雇用）

	権限委譲	動機付け	役割明確性	組織コミットメント	適応性	役割葛藤
役割明確性	0.328	0	0	0	0	0
組織コミットメント	0.216	0.56	0.169	0	0	0
適応性	0.286	0.03	0.317	0	0	0
役割葛藤	0.116	0	0.072	0	0	0
成果	0.255	0.139	0.503	−0.059	0.245	0.06
職務満足	0.289	0.391	0.134	0.479	0.014	−0.331
離職意図	−0.122	−0.291	−0.238	−0.104	−0.024	0.369

く（0.479）、2番目に動機付け（0.391）、3番目に役割葛藤（−0.331）という順位になっている。最後に、離職意図の低減を目的とした場合には、役割葛藤が最も効果が高く（0.369）、2番目に動機付け（−0.291）、3番目に役割明確性（−0.238）という順位になっている。

　以上のことから、非正規雇用者がセグメントの場合、成果を目的としたIMミックスは役割明確性を中心とし、職務満足を目的としたIMミックスは組織コミットメントを中心とし、離職意図の低減を目的としたIMミックスは役割葛藤を中心とすることが有効であることが判明した。

第3項　小括

　仮説検証の結果をまとめると、次の点で正規雇用と非正規雇用が異なっていることが明らかになった。まず、正規雇用者だけが①権限委譲されると役割葛藤が低下する、②役割明確性が増加すると役割葛藤も増加する、それに③成果が向上すると職務満足が増加する、ということである。他方、④非正規雇用者のほうが正規雇用者よりも動機付けが組織コミットメントに与えるプラスの影響が強い、および⑤非正規雇用者だけが役割葛藤が増加すると職務満足が低下する、ということである。

　効果分析の結果をまとめたものが図表6−16である。そして、次の点が明らかになった。まず、成果を目的とする場合は、正規雇用者と非正規雇用

者で効果の順位は、同一となった。すなわち、効果の高い順に、役割明確性、権限委譲、そして適応性となった。次に、職務満足を目的とする場合は、1位と2位は同一であったが、3位は異なっている。正規雇用者の3位は権限委譲で、非正規雇用者のそれは役割葛藤の低下であった。そして、離職回避を目的とする場合は、正規雇用者と非正規雇用者では異なっている。いずれにも動機付けが入っているが、正規雇用者では2位が組織コミットメントで、3位が権限委譲となり、非正規雇用者では1位に役割葛藤、3位に役割明確性が入っている。

図表6-16　目的別 IM ミックスのあり方

順位＼目的	正規雇用			非正規雇用		
	成果	職務満足	離職回避	成果	職務満足	離職回避
1位	役割明確性	組織コミットメント	動機付け	役割明確性	組織コミットメント	役割葛藤
2位	権限委譲	動機付け	組織コミットメント	権限委譲	動機付け	動機付け
3位	適応性	権限委譲	権限委譲	適応性	役割葛藤	役割明確性

第7節　婚姻形態による細分化

第1項　仮説検証

　婚姻によって配偶者を持つことにより、その人のライフスタイルは変化する。既婚者は、未婚の時とは異なったニーズを持つようになると想定される。仕事生活と家庭生活は、互いに影響を及ぼすケースが多い[1]。この節では、先に利用した販売担当者データを未婚者（n＝259）と既婚者（n＝241）に

---

[1] 仕事生活と家庭生活などを含んだ非仕事生活の関係には、3つの仮説が想定されている。第1に、お互いにプラスの影響を与えるという流出仮説、第2に、互いにマイナスの影響を与えるという補償仮説、第3に、それぞれ独立しているという分離仮説である。経験的研究からは、流出仮説が当てはまるケースが多いと指摘されている（Romzek 1985）。

図表6-17 仮説検定一覧表

仮説番号	符号	仮説			未婚 標準化推定値	未婚 有意水準	既婚 標準化推定値	既婚 有意水準	一対比較
H1a	(＋)	動機付け	→	適応性	0.053	n.s.	−0.078	n.s.	−1.353
H1b	(＋)	動機付け	→	組織コミットメント	0.529	＊＊＊	0.54	＊＊＊	0.231
H1c	(＋)	動機付け	→	職務満足	0102	n.s.	0.121	n.s.	0.463
H1d	(＋)	動機付け	→	成果	0.136	n.s.	0.018	n.s.	−0.837
H1e	(−)	動機付け	→	離職意図	−0.214	＊	−0.055	n.s.	1.244
H2a	(＋)	権限委譲	→	適応性	0.092	n.s.	0.381	＊＊＊	2.678
H2b	(＋)	権限委譲	→	組織コミットメント	0.143	＊	0.212	＊＊	0.158
H2c	(＋)	権限委譲	→	役割明確性	0.358	＊＊＊	0.478	＊＊＊	−0.144
H2d	(＋)	権限委譲	→	職務満足	0.099	n.s.	0.105	n.s.	−0.009
H2e	(＋)	権限委譲	→	成果	0.071	n.s.	0.083	n.s.	0.062
H2f	(−)	権限委譲	→	役割葛藤	−0.071	n.s.	0.03	n.s.	1.003
H3a	(＋)	役割明確性	→	適応性	0.43	＊＊＊	0.237	＊＊	−0.771
H3b	(＋)	役割明確性	→	組織コミットメント	0.209	＊＊＊	0.107	n.s.	−1.099
H3c	(＋)	役割明確性	→	職務満足	0.118	n.s.	0.05	n.s.	−0.432
H3d	(＋)	役割明確性	→	成果	0.413	＊＊＊	0.411	＊＊＊	0.758
H3e	(−)	役割明確性	→	役割葛藤	0.344	＊＊＊	0.077	n.s.	−2.426
H3f	(−)	役割明確性	→	離職意図	−0.257	＊＊	−0.188	＊	0.587
H4a	(＋)	役割葛藤	→	離職意図	0.22	＊	0.157	＊	−0.429
H4b	(−)	役割葛藤	→	職務満足	−0.357	＊＊＊	−0.158	＊＊	1.202
H4c	(−)	役割葛藤	→	成果	0.085	n.s.	0.006	n.s.	−0.725
H5a	(＋)	適応性	→	職務満足	−0.033	n.s.	0.066	n.s.	1.07
H5b	(＋)	適応性	→	成果	0.145	＊	0.25	＊＊＊	0.893
H6a	(＋)	組織コミットメント	→	職務満足	0.583	＊＊＊	0.525	＊＊＊	0.708
H6b	(＋)	組織コミットメント	→	成果	−0.096	n.s.	0.051	n.s.	1.202
H6c	(−)	組織コミットメント	→	離職意図	−0.122	n.s.	0.115	n.s.	1.498
H7a	(＋)	成果	→	職務満足	0.022	n.s.	0.073	n.s.	0.547
H7b	(−)	成果	→	離職意図	0.14	n.s.	−0.025	n.s.	−1.555
H8	(−)	職務満足	→	離職意図	−0.076	n.s.	−0.421	＊＊＊	−1.629

なお、＊＊＊＝$p<0.001$, ＊＊＝$p<0.01$, ＊＝$p<0.05$

分けて、共分散構造分析における多母集団の同時分析を行った。分析結果は、**図表6－17**のとおりである。

まず、既婚者と未婚者に共通して統計的に有意になった仮説は、次のとおりである。

H1b：動機付けは組織コミットメントにプラスの影響を与える
H2b：権限委譲は組織コミットメントにプラスの影響を与える
H2c：権限委譲は役割明確性にプラスの影響を与える
H3a：役割明確性は適応性にプラスの影響を与える
H3d：役割明確性は成果にプラスの影響を与える
H3f：役割明確性は離職意図にマイナスの影響を与える
H4a：役割葛藤は離職意図にプラスの影響を与える
H4b：役割葛藤は職務満足にマイナスの影響を与える
H5b：適応性は成果にプラスの影響を与える
H6a：組織コミットメントは職務満足にプラスの影響を与える

次に、未婚者のみが統計的に有意になった仮説は、次のとおりである。

H1e：動機付けは離職意図にマイナスの影響を与える
H3b：役割明確性は組織コメットメントにプラスの影響を与える
H3e：役割明確性は役割葛藤にプラスの影響を与える（ただし、符号は逆）

他方、既婚者のみが統計的に有意になった仮説は、次のとおりである。

H2a：権限委譲は適応性にプラスの影響を与える
H8：職務満足は離職意図にマイナスの影響を与える

このように、未婚者と既婚者で統計的に有意になった仮説は異なるが、その標準化推定値が等しいとは言えないと統計的に解釈できるかどうかを分析した。つまり、未婚者と既婚者のそれぞれの標準化推定値間の差についての検定を行った。図表の一対比較の欄に検定統計量が記されている。有意水準を0.05として分析をする場合は、絶対値が1.96を超えているため、それぞれの標準化推定値は等しくないと解釈される（田部井 2001）。したがって、

図表6-17から次の仮説の標準化推定値が等しくないと解釈される。すなわち、H2aとH3eである。

第1に、H2aについては、既婚者はプラスの影響が有意であったが未婚者は有意でないという差が統計的に確認された。第2に、H3eについては、仮説とは逆に未婚者ではプラスの影響が統計的に有意であったが既婚者では有意ではないという差が確認された。

第2項　婚姻形態別によるIMミックスのあり方
（1）　未婚者をセグメントとするIMミックスのあり方

雇用形態別（正規雇用者と非正規雇用者）の比較では、直接効果と間接効果を提示した上で、その合成した総合効果を検討したが、以下の分析では、直接効果と間接効果を割愛して、その合成である総合効果のみを提示した上で、検討を加えることにする。

そこで、直接効果と間接効果を合成した未婚者における総合効果を見ることにする。図表6-18は、総合効果を算出したものである。まず、成果を目的とした場合には、役割明確性が最も効果が高く（0.484）、2番目に権限委譲（0.238）、3番目に適応性（0.145）という順位になっている。次に、職務満足を目的とした場合には、組織コミットメントが最も効果が高く（0.581）、2番目に動機付け（0.411）、3番目に権限委譲（−0.355）という

図表6-18　標準化総合効果（未婚）

	権限委譲	動機付け	役割明確性	組織コミットメント	適応性	役割葛藤
役割明確性	0.358	0	0	0	0	0
組織コミットメント	0.218	0.529	0.209	0	0	0
適応性	0.246	0.053	0.43	0	0	0
役割葛藤	0.053	0	0.344	0	0	0
成果	0.238	0.093	0.484	−0.096	0.145	0.085
職務満足	0.247	0.411	0.114	0.581	−0.03	−0.355
離職意図	−0.093	−0.297	−0.148	−0.179	0.022	0.259

順位になっている。最後に、離職意図の低減を目的とした場合には、動機付けが最も効果が高く（-0.297）、2番目に役割葛藤（0.259）、3番目に組織コミットメント（-0.179）という順位になっている。

以上のことから、未婚者がセグメントの場合、成果を目的としたIMミックスは役割明確性を中心とし、職務満足を目的としたIMミックスは組織コミットメントを中心とし、離職意図の低減を目的としたIMミックスは動機付けを中心とすることが有効であることが判明した。

(2) 既婚者をセグメントとするIMミックスのあり方

直接効果と間接効果を合成した既婚者における総合効果を見ることにする。図表6-19は、総合効果を算出したものである。まず、成果を目的とした場合には、役割明確性が最も効果が高く（0.476）、2番目に権限委譲（0.417）、3番目に適応性（0.25）という順位になっている。次に、職務満足を目的とした場合には、組織コミットメントが最も効果が高く（0.529）、2番目に動機付け（0.401）、3番目に権限委譲（0.32）という順位になっている。最後に、離職意図の低減を目的とした場合には、役割明確性が最も効果が高く（-0.237）、2番目に役割葛藤（0.224）、3番目に権限委譲（-0.194）という順位になっている。

以上のことから、既婚者がセグメントの場合、成果を目的としたIMミックスは役割明確性を中心とし、職務満足を目的としたIMミックスは組織コ

図表6-19 標準化総合効果（既婚）

	権限委譲	動機付け	役割明確性	組織コミットメント	適応性	役割葛藤
役割明確性	0.478	0	0	0	0	0
組織コミットメント	0.263	0.54	0.107	0	0	0
適応性	0.495	-0.078	0.237	0	0	0
役割葛藤	0.067	0	0.077	0	0	0
成果	0.417	0.026	0.476	0.051	0.25	0.006
職務満足	0.32	0.401	0.145	0.529	0.084	-0.158
離職意図	-0.194	-0.163	-0.237	-0.109	-0.042	0.224

ミットメントを中心とし、離職意図の低減を目的としたIMミックスは役割明確性を中心とすることが有効であることが判明した。

第3項 小括

　仮説検証の結果をまとめると、次の点で未婚者と既婚者が異なっていることが明らかになった。まず、未婚者だけが①動機付けは、離職意図にマイナスの影響を与える、②役割明確性は、組織コミットメントにプラスの影響を与える、それに③役割明確性は、役割葛藤にプラスの影響を与えるということである。

　他方、既婚者のみが④権限委譲は、適応性にプラスの影響を与える、および⑤職務満足は、離職意図にマイナスの影響を与える、ということである。

　効果分析の結果をまとめたものが**図表6-20**である。そして、次の点が明らかになった。まず、成果を目的とする場合は、未婚者と既婚者で効果の順位は、同一となった。すなわち、効果の高い順に、役割明確性、権限委譲、そして適応性となった。次に、職務満足を目的とする場合も、同一であった。そして、離職回避を目的とする場合は、未婚者と既婚者では異なっている。いずれにも2位に役割葛藤が入っているが、未婚者の場合は1位が動機付けであるのに対して、既婚者の1位は役割明確性であった。

図表6-20　目的別IMミックスのあり方

順位 \ 目的	未婚			既婚		
	成果	職務満足	離職回避	成果	職務満足	離職回避
1位	役割明確性	組織コミットメント	動機付け	役割明確性	組織コミットメント	役割明確性
2位	権限委譲	動機付け	役割葛藤	権限委譲	動機付け	役割葛藤
3位	適応性	権限委譲	組織コミットメント	適応性	権限委譲	権限委譲

第8節　性別による細分化

　販売担当者やサービス担当者における男女差に関する先行研究として、Schul and Wren（1992）と Babin and Boles（1998）がある。
　Schul and Wren（1992）の産業財販売における男女差に関する実証研究によれば、9つの仮説の内で、差が認められたのは次の3つであった。すなわち、1つ目は、男性の販売担当者のほうが外的報酬に関する選好が強いこと、2つ目は、男性の販売担当者のほうが成果に関する自己評価が高いこと、3つ目は、女性の販売担当者のほうが離職率は高いこと、である。また、Babin and Boles（1998）のサービス従業員における男女差に関する実証研究によれば、男女差はあまり見られないが、次の2点は異なっていると指摘している。第1に、女性のサービス従業員の成果は、役割葛藤もしくは役割曖昧性によって、より大きなマイナスの影響を受ける。第2に、職務満足が離職意図に与えるマイナスの影響は、女性よりも男性のほうが大きい。

第1項　仮説検証

　この節では、先に利用した販売担当者データを男性（n＝274）と女性（n＝226）に分けて、共分散構造分析における多母集団の同時分析を行った。分析結果は、**図表6－21**のとおりである。
　まず、男性と女性に共通して統計的に有意になった仮説は、次のとおりである。
　H1b：動機付けは組織コミットメントにプラスの影響を与える
　H2a：権限委譲は適応性にプラスの影響を与える
　H2c：権限委譲は役割明確性にプラスの影響を与える
　H2d：権限委譲は職務満足にプラスの影響を与える
　H3a：役割明確性は適応性にプラスの影響を与える

図表6-21　仮説検定一覧表

仮説番号	符号	仮説			男性 標準化推定値	男性 有意水準	女性 標準化推定値	女性 有意水準	一対比較
H1a	(＋)	動機付け	→	適応性	0.034	n.s.	−0.021	n.s.	0.552
H1b	(＋)	動機付け	→	組織コミットメント	0.55	＊＊＊	0.543	＊＊＊	0.482
H1c	(＋)	動機付け	→	職務満足	0.045	n.s.	0.162	n.s.	−1.125
H1d	(＋)	動機付け	→	成果	−0.011	n.s.	0.225	＊	−1.564
H1e	(−)	動機付け	→	離職意図	−0.072	n.s.	−0.215	＊	1.166
H2a	(＋)	権限委譲	→	適応性	0.215	＊＊	0.222	＊＊	−0.278
H2b	(＋)	権限委譲	→	組織コミットメント	0.126	n.s.	0.218	＊＊＊	−0.865
H2c	(＋)	権限委譲	→	役割明確性	0.48	＊＊＊	0.362	＊＊＊	1.768
H2d	(＋)	権限委譲	→	職務満足	0.184	＊＊	0.16	＊	0.109
H2e	(＋)	権限委譲	→	成果	0.209	＊＊	−0.056	n.s.	2.797
H2f	(−)	権限委譲	→	役割葛藤	−0.232	＊＊	0.13	n.s.	−3.157
H3a	(＋)	役割明確性	→	適応性	0.385	＊＊＊	0.303	＊＊＊	−0.159
H3b	(＋)	役割明確性	→	組織コミットメント	0.137	＊	0.196	＊＊	−0.847
H3c	(＋)	役割明確性	→	職務満足	0.054	n.s.	0.029	n.s.	0.128
H3d	(＋)	役割明確性	→	成果	0.318	＊＊＊	0.527	＊＊＊	−0.756
H3e	(−)	役割明確性	→	役割葛藤	0.454	＊＊＊	−0.024	n.s.	3.325
H3f	(−)	役割明確性	→	離職意図	−0.193	＊	−0.24	＊	0.787
H4a	(＋)	役割葛藤	→	離職意図	0.158	＊	0.192	＊	−0.232
H4b	(−)	役割葛藤	→	職務満足	−0.161	＊＊	−0.337	＊＊＊	1.769
H4c	(−)	役割葛藤	→	成果	0.04	n.s.	0.089	n.s.	−0.139
H5a	(＋)	適応性	→	成果	0.204	＊＊	0.206	＊＊	1.037
H5b	(＋)	適応性	→	職務満足	−0.049	n.s.	0.08	n.s.	−1.398
H6a	(＋)	組織コミットメント	→	成果	0.018	n.s.	−0.124	n.s.	1.043
H6b	(＋)	組織コミットメント	→	職務満足	0.613	＊＊＊	0.445	＊＊＊	0.754
H6c	(−)	組織コミットメント	→	離職意図	−0.062	n.s.	0.048	n.s.	−0.705
H7a	(＋)	成果	→	職務満足	0.05	n.s.	0.017	n.s.	0.142
H7b	(−)	成果	→	離職意図	0.089	n.s.	−0.016	n.s.	0.698
H8	(−)	職務満足	→	離職意図	−0.26	＊	−0.279	＊	0.135

なお，＊＊＊ ＝ $p<0.001$，＊＊ ＝ $p<0.01$，＊ ＝ $p<0.05$

H3b：役割明確性は組織コミットメントにプラスの影響を与える
H3d：役割明確性は成果にプラスの影響を与える
H3f：役割明確性は離職意図にマイナスの影響を与える
H4a：役割葛藤は離職意図にプラスの影響を与える
H4b：役割葛藤は職務満足にマイナスの影響を与える
H5a：適応性は成果にプラスの影響を与える
H6b：組織コミットメントは職務満足にプラスの影響を与える
H8 ：職務満足は離職意図にマイナスの影響を与える

次に、男性のみが統計的に有意になった仮説は、次のとおりである。
H2e：権限委譲は成果にプラスの影響を与える
H2f：権限委譲は役割葛藤にマイナスの影響を与える
H3e：役割明確性は役割葛藤にプラスの影響を与える（ただし、符号は逆）

他方、女性のみが統計的に有意になった仮説は、次のとおりである。
H1d：動機付けは成果にプラスの影響を与える
H1e：動機付けは離職意図にマイナスの影響を与える
H2b：権限委譲は組織コミットメントにプラスの影響を与える

このように、男性と女性で統計的に有意になった仮説は異なるが、その標準化推定値が等しいとは言えないと統計的に解釈できるかどうかを分析した。つまり、男性と女性のそれぞれの標準化推定値間の差についての検定を行った。図表の一対比較の欄に検定統計量が記されている。有意水準を0.05として分析をする場合は、絶対値が1.96を超えているため、それぞれの標準化係数は等しくないと解釈される（田部井 2001）。したがって、図表6－21から次の仮説の標準化推定値が等しくないと解釈される。すなわち、H2e、H2f、それにH3eである。

第1に、H2eについては、男性はプラスの影響が有意であったが女性は有意でないという差が統計的に確認された。第2に、H2fについては、男性はマイナスの影響が有意であったが女性は有意でないという差が統計的に確認

された。第3に、H3eについては、男性はプラスの影響が有意であったが女性は有意でないという差が統計的に確認された。

第2項　性別によるIMミックスのあり方
(1) 男性をセグメントとするIMミックスのあり方

　直接効果と間接効果を合成した男性における総合効果を見ることにする。図表6-22は、総合効果を算出したものである。まず、成果を目的とした場合には、権限委譲が最も効果が高く（0.446）、2番目に役割明確性（0.417）、3番目に適応性（0.204）という順位になっている。次に、職務満足を目的とした場合には、組織コミットメントが最も効果が高く（0.614）、2番目に動機付け（0.381）、3番目に権限委譲（0.333）という順位になっている。最後に、離職意図の低減を目的とした場合には、組織コミットメントが最も効果が高く（-0.220）、2番目に動機付け（-0.204）、3番目に役割葛藤（0.203）という順位になっている。

　以上のことから、男性がセグメントの場合、成果を目的としたIMミックスは権限委譲を中心とし、職務満足および離職意図の低減を目的としたIMミックスは組織コミットメントを中心とすることが有効であることが判明した。

(2) 女性をセグメントとするIMミックスのあり方

　直接効果と間接効果を合成した女性における総合効果を見ることにする。図表6-23は、効果を算出したものである。まず、成果を目的とした場合には、役割明確性が最も効果が高く（0.563）、2番目に適応性（0.206）、3番目に権限委譲（0.178）という順位になっている。次に、職務満足を目的とした場合には、組織コミットメントが最も効果が高く（0.442）、2番目に動機付け（0.404）、3番目に役割葛藤（-0.335）という順位になっている。最後に、離職意図の低減を目的とした場合には、動機付けが最も効果が高く（-0.304）、2番目に役割明確性（-0.289）、3番目に役割葛藤（0.284）と

図表6-22　標準化総合効果（男性）

	権限委譲	動機付け	役割明確性	組織コミットメント	適応性	役割葛藤
役割明確性	0.48	0	0	0	0	0
組織コミットメント	0.192	0.55	0.137	0	0	0
適応性	0.4	0.034	0.385	0	0	0
役割葛藤	−0.015	0	0.454	0	0	0
成果	0.446	0.006	0.417	0.018	0.204	0.04
職務満足	0.333	0.381	0.067	0.614	−0.039	−0.159
離職意図	−0.154	−0.204	−0.11	−0.22	0.028	0.203

図表6-23　標準化総合効果（女性）

	権限委譲	動機付け	役割明確性	組織コミットメント	適応性	役割葛藤
役割明確性	0.362	0	0	0	0	0
組織コミットメント	0.289	0.543	0.196	0	0	0
適応性	0.331	−0.021	0.303	0	0	0
役割葛藤	0.122	0	−0.024	0	0	0
成果	0.178	0.153	0.563	−0.124	0.206	0.089
職務満足	0.288	0.404	0.158	0.442	0.084	−0.335
離職意図	−0.133	−0.304	−0.289	−0.073	−0.027	0.284

いう順位になっている。

　以上のことから、女性がセグメントの場合、成果を目的としたIMミックスは役割明確性を中心とし、職務満足を目的としたIMミックスは組織コミットメントを中心とし、離職意図の低減を目的としたIMミックスは動機付けを中心とすることが有効であることが判明した。

第3項　小括

　仮説検証の結果をまとめると、次の点で男性と女性が異なっていることが明らかになった。まず、男性だけが①権限委譲は成果にプラスの影響を与える、②権限委譲は役割葛藤にマイナスの影響を与える、それに③役割明確性は役割葛藤にプラスの影響を与える、ということである。

他方、女性のみが④動機付けは組織コミットメントにプラスの影響を与える、⑤動機付けは離職意図にマイナスの影響を与える、それに⑥権限委譲は組織コミットメントにプラスの影響を与える、ということである。

効果分析の結果をまとめたものが**図表6-24**である。そして、次の点が明らかになった。まず、成果を目的とする場合は、男性と女性で上位の3項目は同じだったが、順位が異なっていた。次に、職務満足を目的とする場合は、1位と2位の項目は同一であったが3位が異なっていた。そして、離職回避を目的とする場合は、男性と女性では3位のみが同一であったが、他は異なっていた。

図表6-24　目的別IMミックスのあり方

順位＼目的	男性			女性		
	成果	職務満足	離職回避	成果	職務満足	離職回避
1位	権限委譲	組織コミットメント	組織コミットメント	役割明確性	組織コミットメント	動機付け
2位	役割明確性	動機付け	動機付け	適応性	動機付け	役割明確性
3位	適応性	権限委譲	役割葛藤	権限委譲	役割葛藤	役割葛藤

第9節　年代による細分化

ここでは、年齢の影響を探るために、販売担当者データを40歳未満（n=194）、40歳代（n=181）、それに50歳以上（n=125）のグループに分け、年代の特徴を鮮明にするために40歳代を除外して、便宜的に40歳未満を壮年層とし、50歳以上を中年層と呼び、それらを比較検討することとする。壮年層（n=194）と中年層（n=181）に対して共分散構造分析における多母集団の同時分析を行った。分析結果は、**図表6-25**のとおりである。

第1項　仮説検証

まず、壮年層（40歳未満）と中年層（50歳以上）に共通して統計的に有

図表6-25　仮説検定一覧表

仮説番号	符号	仮説			40歳未満 標準化推定値	40歳未満 有意水準	50歳以上 標準化推定値	50歳以上 有意水準	一対比較
H1a	（＋）	動機付け	→	適応性	0.013	n.s.	−0.006	n.s.	−0.143
H1b	（＋）	動機付け	→	組織コミットメント	0.6	＊＊＊	0.361	＊＊＊	−2.097
H1c	（＋）	動機付け	→	職務満足	0.109	n.s.	0.189	n.s.	0.805
H1d	（＋）	動機付け	→	成果	−0.021	n.s.	0.143	n.s.	1.178
H1e	（−）	動機付け	→	離職意図	−0.285	＊	0.102	n.s.	2.435
H2a	（＋）	権限委譲	→	適応性	0.272	＊＊	0.113	n.s.	−1.459
H2b	（＋）	権限委譲	→	組織コミットメント	0.195	＊＊	0.274	＊＊	−0.053
H2c	（＋）	権限委譲	→	役割明確性	0.344	＊＊＊	0.509	＊＊＊	0.842
H2d	（＋）	権限委譲	→	職務満足	0.247	＊＊＊	0.221	＊	−0.362
H2e	（＋）	権限委譲	→	成果	0.087	n.s.	0.182	n.s.	0.608
H2f	（−）	権限委譲	→	役割葛藤	−0.067	n.s.	0.004	n.s.	0.648
H3a	（＋）	役割明確性	→	適応性	0.328	＊＊＊	0.322	＊	−0.321
H3b	（＋）	役割明確性	→	組織コミットメント	0.081	n.s.	0.253	＊	1.116
H3c	（＋）	役割明確性	→	職務満足	0.084	n.s.	0.127	n.s.	0.347
H3d	（＋）	役割明確性	→	成果	0.402	＊＊＊	0.316	＊	−0.523
H3e	（−）	役割明確性	→	役割葛藤	0.271	＊＊	−0.076	n.s.	−2.67
H3f	（−）	役割明確性	→	離職意図	−0.155	n.s.	−0.122	n.s.	0.554
H4a	（＋）	役割葛藤	→	離職意図	0.081	n.s.	0.23	＊	1.207
H4b	（−）	役割葛藤	→	職務満足	0.229	＊＊＊	0.191	＊	−0.598
H4c	（−）	役割葛藤	→	成果	0.077	n.s.	−0.054	n.s.	−1.07
H5a	（＋）	適応性	→	職務満足	−0.063	n.s.	0.073	n.s.	1.214
H5b	（＋）	適応性	→	成果	0.174	＊	0.218	＊	0.542
H6a	（＋）	組織コミットメント	→	職務満足	0.541	＊＊＊	0.362	＊＊＊	−0.339
H6b	（＋）	組織コミットメント	→	成果	−0.014	n.s.	0	n.s.	0.075
H6c	（−）	組織コミットメント	→	離職意図	0.044	n.s.	−0.245	n.s.	−1.475
H7a	（＋）	成果	→	職務満足	−0.036	n.s.	−0.012	n.s.	0.197
H7b	（−）	成果	→	離職意図	0.028	n.s.	−0.065	n.s.	−0.632
H8	（−）	職務満足	→	離職意図	−0.441	＊＊	−0.12	n.s.	2.149

なお、＊＊＊＝p<0.001, ＊＊＝p<0.01, ＊＝p<0.05

意になった仮説は、次のとおりである。

　H1b：動機付けは組織コミットメントにプラスの影響を与える

　H2b：権限委譲は組織コミットメントにプラスの影響を与える

　H2c：権限委譲は役割明確性にプラスの影響を与える

　H2d：権限委譲は職務満足にプラスの影響を与える

　H3a：役割明確性は適応性にプラスの影響を与える

　H3d：役割明確性は成果にプラスの影響を与える

　H4b：役割葛藤は職務満足にマイナスの影響を与える

　H5b：適応性は成果にプラスの影響を与える

　H6a：組織コミットメントは職務満足にプラスの影響を与える

　次に、壮年層のみが統計的に有意になった仮説は、次のとおりである。

　H1e：動機付けは離職意図にマイナスの影響を与える

　H2a：権限委譲は適応性にプラスの影響を与える

　H3e：役割明確性は役割葛藤にプラスの影響を与える（ただし、符号は逆）

　H8　：職務満足は離職意図にマイナスの影響を与える

　他方、中年層のみが統計的に有意になった仮説は、次のとおりである。

　H3b：役割明確性は組織コミットメントにプラスの影響を与える

　H4a：役割葛藤は離職意図にプラスの影響を与える

　このように、壮年層と中年層で統計的に有意になった仮説は異なるが、その標準化推定値が等しいとは言えないと統計的に解釈できるかどうかを分析した。つまり、壮年層と中年層のそれぞれの標準化推定値間の差についての検定を行った。図表の一対比較の欄に検定統計量が記されている。有意水準を0.05として分析をする場合は、絶対値が1.96を超えているため、それぞれの標準化推定値は等しくないと解釈される（田部井 2001）。したがって、図表6-25から次の仮説の標準化推定値が等しくないと解釈される。すなわち、H1b、H1e、H3e、それにH8である。

　第1に、H1bについては、ともにプラスの影響が統計的に有意であるが、

壮年層のほうが中年層よりも動機付けが組織コミットメントに与えるプラスの影響が強いと言えることになる。第2に、H1eについては、壮年層はマイナスの値が有意であるが、中年層は有意でないという差が統計的に確認されている。第3に、H3eについては、壮年層は仮説とは逆にプラスの値が有意であり、中年層はマイナスの値であったが有意でなかったという差が統計的に確認された。第4に、H8については、壮年層はマイナスの値が有意であったが中年層は有意ではなかったという差が統計的に確認された。

第2項　年代によるIMミックスのあり方
（1）　壮年層をセグメントとするIMミックスのあり方

　直接効果と間接効果を合成した壮年層における総合効果を見ることにする。図表6-26は、総合効果を算出したものである。まず、成果を目的とした場合には、役割明確性が最も効果が高く（0.479）、2番目に権限委譲（0.292）、3番目に適応性（0.174）という順位になっている。次に、職務満足を目的とした場合には、組織コミットメントが最も効果が高く（0.541）、2番目に動機付け（0.434）、3番目に権限委譲（0.356）という順位になっている。最後に、離職意図の低減を目的とした場合には、動機付けが最も効果が高く（-0.451）、2番目に組織コミットメント（-0.195）、3番目に権限委譲（-0.190）という順位になっている。

図表6-26　標準化総合効果（40歳未満）

	権限委譲	動機付け	役割明確性	組織コミットメント	適応性	役割葛藤
役割明確性	0.344	0	0	0	0	0
組織コミットメント	0.223	0.6	0.081	0	0	0
適応性	0.384	0.013	0.328	0	0	0
役割葛藤	0.027	0	0.271	0	0	0
成果	0.292	-0.027	0.479	-0.014	0.174	0.077
職務満足	0.356	0.434	0.027	0.541	-0.069	-0.232
離職意図	-0.19	-0.451	-0.128	-0.195	0.035	0.186

以上のことから、壮年層がセグメントの場合、成果を目的としたIMミックスは役割明確性を中心とし、職務満足を目的としたIMミックスは組織コミットメントを中心とし、離職意図の低減を目的としたIMミックスは動機付けを中心とすることが有効であることが判明した。

(2)　中年層をセグメントとするIMミックスのあり方

　直接効果と間接効果を合成した中年層における総合効果を見ることにする。図表6-27は、総合効果を算出したものである。まず、成果を目的とした場合には、権限委譲が最も効果が高く（0.405）、2番目に役割明確性（0.390）、3番目に適応性（0.218）という順位になっている。次に、職務満足を目的とした場合には、権限委譲が最も効果が高く（0.454）、2番目に組織コミットメント（0.362）、3番目に動機付け（0.318）という順位になっている。最後に、離職意図の低減を目的とした場合には、組織コミットメントが最も効果が高く（-0.288）、2番目に役割葛藤（0.257）、3番目に役割明確性（-0.256）という順位になっている。

　以上のことから、中年層がセグメントの場合、成果を目的としたIMミックスは権限委譲を中心とし、職務満足を目的としたIMミックスも権限委譲を中心とし、離職意図の低減を目的としたIMミックスは組織コミットメントを中心とすることが有効であることが判明した。

図表6-27　標準化総合効果（50歳以上）

	権限委譲	動機付け	役割明確性	組織コミットメント	適応性	役割葛藤
役割明確性	0.509	0	0	0	0	0
組織コミットメント	0.403	0.361	0.253	0	0	0
適応性	0.277	-0.006	0.322	0	0	0
役割葛藤	-0.035	0	-0.076	0	0	0
成果	0.405	0.142	0.39	0	0.218	-0.054
職務満足	0.454	0.318	0.252	0.362	0.07	-0.191
離職意図	-0.249	-0.033	-0.256	-0.288	-0.023	0.257

第3項　小括

　仮説検証の結果をまとめると、次の点で壮年層と中年層が異なっていることが明らかになった。まず、壮年層だけが、①動機付けは離職意図にマイナスの影響を与えること、②権限委譲は適応性にプラスの影響を与えること、③役割明確性は役割葛藤にプラスの影響を与えること、それに、④職務満足は離職意図にマイナスの影響を与えること、である。

　他方、中年層のみが、⑤役割明確性は組織コミットメントにプラスの影響を与えること、それに⑥役割葛藤は、離職意図にプラスの影響を与えること、である。

　効果分析の結果をまとめたものが**図表6-28**である。そして、次の点が明らかになった。まず、成果を目的とする場合は、壮年層と中年層で1位と2位の順序のみが異なっていたが項目は同一であった。次に、職務満足を目的とする場合は、順位は異なっているが、上位3つの項目は同一であった。そして、離職回避を目的とする場合は、壮年層と中年層では組織コミットメントは両者に含まれているが、それ以外は異なっていた。

図表6-28　目的別IMミックスのあり方

順位＼目的	壮年層（40歳未満）			中年層（50歳以上）		
	成果	職務満足	離職回避	成果	職務満足	離職回避
1位	役割明確性	組織コミットメント	動機付け	権限委譲	権限委譲	組織コミットメント
2位	権限委譲	動機付け	組織コミットメント	役割明確性	組織コミットメント	役割葛藤
3位	適応性	権限委譲	権限委譲	適応性	動機付け	役割明確性

第10節　結語

第1項　要約

　本章の分析から、まず第1に、組織コミットメントを導入したIMの小売モデルは有効であることが明らかとなった。IMの基本モデルは、汎用性が

あり、異なる対象に向けた IM を研究する際に、利用可能性が高いと考えられる。

次に、目的別 IM のあり方が明示された。すなわち、小売業の販売担当者を対象とした IM の場合では、成果を目的とした IM ミックスは役割明確性を中心とし、職務満足を目的とした IM ミックスは組織コミットメントを中心とし、離職意図の低減を目的とした IM ミックスは動機付けを中心とすることが有効であることが判明した。

さらに、セグメント別の IM のあり方では、以下のことが明らかとなった。
1. 雇用形態別：仮説検証の結果をまとめると、次の点で正規雇用者と非正規雇用者が異なっていることが明らかになった。まず、正規雇用者だけが①権限委譲されると役割葛藤が低下する、②役割明確性が増加すると役割葛藤も増加する、それに③成果が向上すると職務満足が増加する、ということである。他方、④非正規雇用者のほうが正規雇用者よりも動機付けが組織コミットメントに与えるプラスの影響が強い、および⑤非正規雇用者だけが役割葛藤が増加すると職務満足が低下する、ということである。
2. 婚姻状態別：仮説検証の結果をまとめると、次の点で未婚者と既婚者が異なっていることが明らかになった。まず、未婚者だけが①動機付けは離職意図にマイナスの影響を与える、②役割明確性は組織コミットメントにプラスの影響を与える、それに③役割明確性は役割葛藤にプラスの影響を与える、ということである。他方、既婚者のみが④権限委譲は適応性にプラスの影響を与える、および⑤職務満足は離職意図にマイナスの影響を与える、ということである。
3. 性別：仮説検証の結果をまとめると、次の点で男性と女性が異なっていることが明らかになった。まず、男性だけが①権限委譲は成果にプラスの影響を与える、②権限委譲は役割葛藤にマイナスの影響を与える、それに③役割明確性は役割葛藤にプラスの影響を与える、ということで

ある。他方、女性のみが④動機付けは組織コミットメントにプラスの影響を与える、⑤動機付けは離職意図にマイナスの影響を与える、それに⑥権限委譲は組織コミットメントにプラスの影響を与える、ということである。
4．年代別：仮説検証の結果をまとめると、次の点で壮年層と中年層が異なっていることが明らかになった。まず、壮年層だけが①動機付けは離職意図にマイナスの影響を与える、②権限委譲は適応性にプラスの影響を与える、③役割明確性は役割葛藤にプラスの影響を与える、それに、④職務満足は離職意図にマイナスの影響を与える、ということである。他方、中年層のみが⑤役割明確性は組織コミットメントにプラスの影響を与える、それに⑥役割葛藤は離職意図にプラスの影響を与える、ということである。

図表6-29は、セグメント別のIMミックスのあり方をまとめたものである。小売業のIMミックスについては、前述のように全体としては、成果を目的とした有効なIMミックスは役割明確性を中心とし、職務満足を目的としたIMミックスは組織コミットメントを中心とし、離職意図の低減を目的としたIMミックスは動機付けが中心となる。しかしながら、セグメントによっては、異なる場合もある。たとえば、成果を目的とした場合においては、男性および中年層（50歳以上）では役割明確性ではなく権限委譲が1位となっている。また、職務満足を目的とした場合においては、中年層（50歳以上）では組織コミットメントではなく権限委譲が1位となっている。そして、離職回避を目的とした場合においては、非正規雇用では役割葛藤、既婚では役割明確性、男性と中年層（50歳以上）では組織コミットメントがそれぞれ1位となっている。このように、全体としては、有効なIMミックスのあり方が存在する一方で、セグメントによって有効なIMミックスのあり方が異なる場合もある。

図表6-29 セグメント別の IM ミックスのあり方

順位＼目的	正規雇用			非正規雇用		
	成果	職務満足	離職回避	成果	職務満足	離職回避
1位	役割明確性	組織コミットメント	動機付け	役割明確性	組織コミットメント	役割葛藤
2位	権限委譲	動機付け	組織コミットメント	権限委譲	動機付け	動機付け
3位	適応性	権限委譲	権限委譲	適応性	役割葛藤	役割明確性

順位＼目的	未婚			既婚		
	成果	職務満足	離職回避	成果	職務満足	離職回避
1位	役割明確性	組織コミットメント	動機付け	役割明確性	組織コミットメント	役割明確性
2位	権限委譲	動機付け	役割葛藤	権限委譲	動機付け	役割葛藤
3位	適応性	権限委譲	組織コミットメント	適応性	権限委譲	権限委譲

順位＼目的	男性			女性		
	成果	職務満足	離職回避	成果	職務満足	離職回避
1位	権限委譲	組織コミットメント	組織コミットメント	役割明確性	組織コミットメント	動機付け
2位	役割明確性	動機付け	動機付け	適応性	動機付け	役割明確性
3位	適応性	権限委譲	役割葛藤	権限委譲	役割葛藤	役割葛藤

順位＼目的	壮年層（40歳未満）			中年層（50歳以上）		
	成果	職務満足	離職回避	成果	職務満足	離職回避
1位	役割明確性	組織コミットメント	動機付け	権限委譲	権限委譲	組織コミットメント
2位	権限委譲	動機付け	組織コミットメント	役割明確性	組織コミットメント	役割葛藤
3位	適応性	権限委譲	権限委譲	適応性	動機付け	役割明確性

第2項　含意

　IM の研究は、規範的なものが多く、実証的なものは少ない。さらに、それらの実証研究は、ほとんどの場合は、サービス業における調査となっている。本章の研究は、サービス業ではなく、小売業における販売担当者を対象とした IM の調査に基づいた実証研究であるという点には意義があると考えられる。小売業はサービス業と同様に、女性と非正規雇用者が多い職場となっている。また、組織と市場の境界的位置で職務を遂行している点でも販売担当者と類似している。しかし、両方の分析結果を比較してみると、接客

担当者の場合には支持されなかったが販売担当者の場合には採択された仮説があった。すなわち、①動機付けは成果にプラスの影響を与える、②役割明確性は離職意図にマイナスの影響を与える、③職務満足は離職意図にマイナスの影響を与える、の3つである。これらの違いは興味深いものである。なぜ、そのような相違が生じるのかについては、偶然の可能性も完全には否定できず、モデルに追加された組織コミットメントの影響などについてさらなる調査を行った上で解釈すべきであろう。

　もう1つの意義としては、IM研究において市場細分化の理論を適用した点を挙げることができると思われる。企業の内部市場を区分するという試みは、Pitt and Forman（1999）やLings（2000）など限定的であると思われる。Pitt and Forman（1999）では、IMの主体と対象を組織と部門に分けて4つのパターンを提示している。すなわち、①部門が部門にIMを実施する、②組織が部門にIMを実施する、③部門が組織にIMを実施する、④組織が組織にIMを実施する、である。また、Lings（2000）では、企業内における業務のフローにおいて、前工程と後工程に区分してその業務をIMととらえるものである。たとえば、資材購買部門は、製造部門を顧客と見なして、顧客にとって満足できる資材の購買を行う行為をIMととらえている。いずれの場合も、IMの対象として、従業員を細分化しようとするものではない。本研究では、適用が容易な人口統計学的な基準を用いてIMの市場細分化を具体的に提示したことは実務的な意義も有していると言えよう。

　さらに、本章では、セグメント別の有効なIMミックスのあり方を提示したことには先駆的な意義があるのではないだろうか。Schul and Wren（1992）とBabin and Boles（1998）など販売担当者やサービス担当者における男女差に関する先行研究は存在するが、既婚者と未婚者、壮年層と中年層などの人口統計的な基準から細分化を行い、それぞれを標的とした有効なIMミックスのあり方を提示した研究は初めてかもしれない。また、正規雇用者と非正規雇用者に市場を細分化して、それぞれにとって有効なミックス

のあり方を示した点も先駆的と言えるであろう。特に、雇用形態が多様化している現代においては、実務的な意義も存在すると考えられる。

　今回の調査は、インターネットを用いた調査であった。以前のインターネット調査と比較すると調査の精度や利便性は向上していると言われている。とはいえ、インターネットを全く使用しない従業員は存在する。インターネット調査の結果を検討し、それを補完する意味でも郵送法などの従来型の調査を行う必要性は高いであろう。

　小売業の販売担当者を調査対象としたが、小売業は多様な営業形態が存在する。スーパーマーケットやコンビニエンス・ストアなどのセルフ・サービスを提供する場合と専門店や百貨店などのフル・サービスを提供している場合では、顧客が販売担当者に求めるものは異なるであろう。したがって、より実務的意義を求めるためには、営業形態別の調査が必要と言えるであろう。

第7章

インターナル・マーケティングの百貨店における展開

第1節 序

　本章では、これまで構築したIMの理論を特定の業界で展開し、その有効性を検証する。具体的に言えば、前章で考察を加えた小売業の販売担当者の分析結果と地方に立地するA百貨店におけるIMの分析結果を比較して、A地方百貨店のIMの特性を探索するものである。もちろんA地方百貨店は、日本の百貨店を代表するものではなく、1つの事例研究と想定している。

　具体的には、A地方百貨店の販売担当者に対して、これまでインターネットで実施した調査と同様の調査を行うことにする。インターネットの被験者では、どのような業界や企業に属しているかは不明であった。今回の調査は、匿名で行われたが、業界と企業は特定されている。

　本章のもう1つの目的は、インターネットでの調査結果と郵送法による調査結果を比較することにある。もちろん、この比較だけで断定的なことは言えないが、今後の研究を進展させるための手がかりを見出したいと考えている。

　そこでまず、前章と同一の質問票でデータを収集し、仮説の検証を行う。接客担当者、営業担当者、それに研究開発担当者に対して行ったインターネットでの調査結果を1つの基準として、郵送法によるIM調査結果と比較したいと考えている。ただし、それらを標準値と考えているわけではなく、あく

までも1つの基準としてとらえているだけである。

第2節　小売業における百貨店という営業形態

　日本の百貨店も欧米[1]の場合と同様に、産業革命以降における大量生産品の大量販売に適応するために、資本主義の発展という背景のもとに、発展してきたものである（清水 1972）。1960年代頃まで、百貨店は唯一の大規模小売業者として、日本の小売の舞台を支配してきた（吉野 1971）。吉野（1971）によれば、日本の百貨店は3つの型に分類されるという。第1の型は、伝統的な服地もしくは衣料品店から成長したものである。これらは最初からの百貨店であって、伝統的に最高の威信を享受してきている。（中略）第2の型は大都市圏、とりわけ東京、大阪、名古屋における私鉄会社によって所有され経営されているものである。彼らの多角化計画の一部として、通勤電車線を持つ多くの私鉄会社は近年その主要なターミナルに百貨店を建設した。第3の型は地方百貨店として一般に知られるものである。彼らは大都市圏以外の大きな都市に立地し、一般に前の2つの型のいずれよりも小さい（吉野 1971, p.217）。

　そして、百貨店の経営について、清水（1972）は、百貨店には5つの経営原則[2]があり、その1つにサービス販売の原則があると指摘している。この原則は、百貨店においてはセルフ・サービスの販売ではなく、あくまでも店員によるフル・サービスを提供すべきであるというものである。スーパーマーケットやコンビニエンス・ストアでは、販売方法としてセルフ・サービスが用いられるが、百貨店の販売方法はフル・サービスが原則となるというものである。

---

[1] 米国のデパートメント・ストアは、南北戦争後における高度のアメリカ資本主義の1つの所産として生成し、発展したものにほかならない（徳永 1990, p.9）。

[2] 他の4つの原則は、集中的大型経営の原則、総合性の原則、大額販売の原則、それに部門化管理の原則である（清水 1972, pp.119-126）。

これらは、サービス・マーケティングにおけるスタッフとの相互作用を重視するハイ・コンタクトのサービス[3]とそれを重視しないロー・コンタクトのサービス[4]の違いと言い換えることができよう。

　以上のように、百貨店では、フル・サービスを提供する販売員は接客して販売するという重要な役割を担っているのである。

第3節　調査方法

第1項　仮説

　この節では、前章で提示された8つの仮説についての検証作業を行う。8つの仮説は、以下のとおりである。

　H1：動機付けは、(a) 適応性、(b) 組織コミットメント、(c) 職務満足、(d) 成果にプラスの影響を与え、(e) 離職意図にマイナスの影響を与える

　H2：権限委譲は、(a) 適応性、(b) 組織コミットメント、(c) 役割明確性、(d) 職務満足、(e) 成果にプラスの影響を与え、(f) 役割葛藤にマイナスの影響を与える

　H3：役割明確性は、(a) 適応性、(b) 組織コミットメント、(c) 職務満足、(d) 成果にプラスの影響を与え、(e) 役割葛藤、(f) 離職意図にマイナスの影響を与える

　H4：役割葛藤は、(a) 離職意図にプラスの影響を与え、(b) 職務満足、(c) 成果にマイナスの影響を与える

---

[3] それは、顧客、サービス従業員、それにサービス施設・設備の間で重要な相互作用を含むサービスと定義され、4つ星レストランや高級レストランが例として挙げられている（Lovelock and Wirtz 2011）。

[4] それは、顧客とサービス組織の間に最低限のコンタクトもしくはコンタクトが全くないサービスと定義され、ケーブルTVやインターネット・サービスが例として挙げられている（Lovelock and Wirtz 2011）。

H5：適応性は、(a) 職務満足、(b) 成果にプラスの影響を与える

H6：組織コミットメントは、(a)職務満足、(b)成果にプラスの影響を与え、(c) 離職意図にマイナスの影響を与える

H7：成果は、(a) 職務満足にプラスの影響を与え、(b) 離職意図にマイナスの影響を与える

H8：職務満足は、離職意図にマイナスの影響を与える

第２項　サンプルとデータ収集

　A地方百貨店の販売担当者からのデータを収集するために、質問紙での調査を行った。具体的には、販売担当者を無作為に500名選び、その被験者に質問票と返信用封筒を渡した。そして、バイアスを排除するために原則として百貨店以外の場所で回答を記入してもらった。匿名性を保つために、各自が記入された質問票を郵便で直接に研究室に送付するという手順で質問票を回収した。実施時期は、2012年11月であった。回収数は360票（72％）で、有効回答数は、322名（64.4％）であった。属性は、雇用形態（正規雇用者・非正規雇用者）と性別に限定した。正規雇用者は188名（58.4％）で、非正規雇用者は134名（41.6％）であった。また、男性は74名（23％）で、女性は248名（77％）であった（**図表7－1参照**）。

　図表7－1に示されているように、男性はほとんどが正規雇用であるのに対して、女性は正規雇用と非正雇用はほぼ同数である。

第３項　構成概念の信頼性と相関関係

　小売業の販売担当者の分析結果と比較するために同一の尺度を用いた。

図表7-1　被験者の属性

	正規雇用	非正雇用
男　性	68	6
女　性	120	128

尺度の信頼性については、信頼性分析を行った。クロンバックα信頼係数は**図表7-2**のとおりの結果となった。係数の値から一定の信頼性を確保していると言えよう。また、構成概念間の相関も図表7-2に示されている。

図表7-2　構成概念の信頼係数と構成概念間の相関表

	項目数	α係数	権限委譲	動機付け	役割明確性	適応性	組織コミットメント	役割葛藤	成果	職務満足
権限委譲	7	0.856								
動機付け	7	0.764	0.306							
役割明確性	6	0.854	0.572	0.175						
適応性	10	0.756	0.421	0.108	0.438					
組織コミットメント	3	0.992	0.544	0.503	0.337	0.229				
役割葛藤	8	0.857	-0.051	-0.016	0.121	0.022	-0.022			
成果	6	0.887	0.473	0.242	0.532	0.434	0.281	0.201		
職務満足	8	0.828	0.49	0.489	0.103	0.084	0.58	-0.344	0.058	
離職意図	4	0.750	-0.331	-0.372	-0.281	-0.143	-0.456	0.152	-0.136	-0.386

第4節　分析、結果、議論

第1項　分析と結果

小売業の販売担当者のデータの場合と同様に、共分散構造分析を用いて前述の仮説の検証を行った（**図表7-3参照**）。まず、仮説モデルの適合度は、以下のようになった。仮説モデルの適合度は高いとは言えないが許容できる範囲と言えよう。

次に、仮説の検証結果を以下の**図表7-4**に示す。なお、比較のために小

図表7-3　モデル適合度

カイ2乗	自由度	有意確率	GFI	AGFI	RMSEA	NFI	RMR	CFI
2849.723	1610	0.000	0.770	0.747	0.049	0.741	0.165	0.867

売業の販売担当者の分析結果も提示した。

まず第1に、動機付けを先行変数とする仮説1については、H1b、H1c、H1e は支持されたが、それ以外の仮説 H1a、H1d は支持されなかった。

第2に、権限委譲を先行変数とする仮説2については、H2b、H2c、H2d、H2e、H2f は支持されたが、H2a は支持されなかった。

第3に、役割明確性を先行変数とする仮説3については、H3c、H3d、H3f は支持されたが、H3a、H3b は支持されなかった。なお、H3e は逆の影響が支持された。

第4に、役割葛藤を先行変数とする仮説4では、H4b、H4c は支持されたが、H4a は支持されなかった。

第5に、適応性を先行変数とする仮説5では、H5a と H5b は支持されなかった。

第6に、組織コミットメントを先行変数とする仮説6については、H6a と H6c は支持されたが、H6b は棄却された。

第7に、成果を先行変数とする仮説7については、H7a、H7b ともに支持されなかった。

第8に、職務満足は離職意図にマイナスの影響を与えるという仮説8は支持されなかった。

以上を要約すると、支持された仮説は、H1b、H1c、H1e、H2b、H2c、H2d、H2e、H2f、H3c、H3d、H3e、H3f、H4b、H4c、H6a、H6c であり28の仮説の中で16が採択された。

以上の仮説検証の作業から、百貨店の販売担当者向けの IM モデル（IM の小売モデル）は、一定の有効性を有していることが明らかとなった。

第2項　議論

今回のモデルに導入した組織コミットメントにかかわる仮説は6つあるが、組織コミットメントが成果にプラスの影響を与えるという仮説のみが採

図表7-4　仮説の検証結果一覧

仮説番号	符号	仮説			百貨店販売担当者 標準化推定値	有意水準	小売業販売担当者 標準化推定値	有意水準
H1a	（＋）	動機付け	→	適応性	−0.022	n.s.	0.003	n.s.
H1b	（＋）	動機付け	→	組織コミットメント	0.371	＊＊＊	0.564	＊＊＊
H1c	（＋）	動機付け	→	職務満足	0.263	＊＊＊	0.098	n.s.
H1d	（＋）	動機付け	→	成果	0.126	n.s.	0.122	＊
H1e	（−）	動機付け	→	離職意図	−0.175	＊	−0.11	n.s.
H2a	（＋）	権限委譲	→	適応性	0.26	n.s.	0.219	＊＊＊
H2b	（＋）	権限委譲	→	組織コミットメント	0.408	＊＊＊	0.162	＊＊＊
H2c	（＋）	権限委譲	→	役割明確性	0.572	＊＊＊	0.395	＊＊＊
H2d	（＋）	権限委譲	→	職務満足	0.383	＊＊＊	0.146	＊＊
H2e	（＋）	権限委譲	→	成果	0.211	＊＊	0.077	n.s.
H2f	（−）	権限委譲	→	役割葛藤	−0.178	＊	−0.024	n.s.
H3a	（＋）	役割明確性	→	適応性	0.294	n.s.	0.334	＊＊＊
H3b	（＋）	役割明確性	→	組織コミットメント	0.039	n.s.	0.157	＊＊＊
H3c	（＋）	役割明確性	→	職務満足	−0.154	＊	0.01	n.s.
H3d	（＋）	役割明確性	→	成果	0.29	＊＊＊	0.421	＊＊＊
H3e	（−）	役割明確性	→	役割葛藤	0.223	＊＊	0.181	＊＊
H3f	（−）	役割明確性	→	離職意図	−0.204	＊	−0.212	＊＊＊
H4a	（＋）	役割葛藤	→	離職意図	0.124	n.s.	0.158	＊＊
H4b	（−）	役割葛藤	→	職務満足	−0.27	＊＊＊	−0.222	＊＊＊
H4c	（−）	役割葛藤	→	成果	0.173	＊＊	0.035	n.s.
H5a	（＋）	適応性	→	成果	0.209	n.s.	0.04	n.s.
H5b	（＋）	適応性	→	職務満足	−0.057	n.s.	0.192	＊＊＊
H6a	（＋）	組織コミットメント	→	職務満足	0.332	＊＊＊	0.535	＊＊＊
H6b	（＋）	組織コミットメント	→	成果	−0.04	n.s.	−0.046	n.s.
H6c	（−）	組織コミットメント	→	離職意図	−0.266	＊＊	−0.027	n.s.
H7a	（＋）	成果	→	職務満足	0.07	n.s.	0.072	n.s.
H7b	（−）	成果	→	離職意図	−0.119	n.s.	0.026	n.s.
H8	（−）	職務満足	→	離職意図	−0.087	n.s.	−0.233	＊＊

＊＊＊ = $p<0.001$, ＊＊ = $p<0.01$, ＊ = $p<0.05$

択されなかった。Caruana and Calleya (1998) では、組織コミットメントは、サービス・クオリティとプラスの関係があることが経験的に示されていた。サービス・クオリティは成果の1つであると解釈することができる。したがって、前章の小売業の販売担当者の結果と同様に、組織コミットメントは成果にプラスの影響を与えないという今回の検証結果は、Caruana and Calleya (1998) のサービス・クオリティとプラスの関係があるという検証結果に対してのもう1つの反証となった。

　小売業販売担当者に対する検証結果と今回の百貨店販売担当者に対する検証結果を比較してみよう。

　まず、小売業の場合は棄却されたが百貨店の場合に採択された仮説は、

　H1c：動機付けは職務満足にプラスの影響を与える

　H1e：動機付けは離職意図にマイナスの影響を与える

　H2e：権限委譲は成果にプラスの影響を与える

　H2f：権限委譲は役割葛藤にマイナスの影響を与える

　H6c：組織コミットメントは離職意図にマイナスの影響を与える

　の5つであった。

　なお、次の2つの仮説は想定した影響と逆の影響が統計的に有意になったものである。

　H3c：役割明確性は職務満足にプラスの影響を与えると想定したが、分析　　　　結果ではマイナスの影響が観察された

　H4c：役割葛藤は成果にマイナスの影響を与えると想定したが、分析結果　　　　ではプラスの影響が観察された

　他方、A地方百貨店の場合は棄却されたが小売業の販売担当者の場合に採択された仮説は、以下のとおりである。

　H1d：動機付けは成果にプラスの影響を与える

　H2a：権限委譲は適応性にプラスの影響を与える

　H3a：役割明確性は適応性にプラスの影響を与える

H3b：役割明確性は組織コミットメントにプラスの影響を与える
H4a：役割葛藤は離職意図にプラスの影響を与える
H5b：適応性は職務満足にプラスの影響を与える
H8 ：職務満足は離職意図にマイナスの影響を与える
の7つであった。

　このように、小売の販売担当者のデータの分析結果とA地方百貨店の販売担当者のそれとは、相違があることが明らかである。その原因がどこにあるのかを解明することはこの調査だけでは不可能であり、さらなる調査が必要であろう。

　ただし、ここで着目すべきは、百貨店において仮説とは逆の影響が統計的に有意になった仮説が2つあったことである。1つは、役割明確性は職務満足にプラスの影響を与える（H3c）という仮説でマイナスの影響が確認された。これについては、役割が明確になることが役割の画一化やマニュアル化で工夫の余地が少なくなることによって、職務満足が低下したのではないかと解釈することができるかもしれない。

　もう1つは、役割葛藤は成果にマイナスの影響を与える（H4c）という仮説でプラスの影響が確認された。これに関しては、葛藤が成果を高めるということは、製品開発など創造性を発揮する文脈では観察されるようであるが、これが百貨店の販売担当者で観察されたのは興味深いことである。

　そこで、次に、IMのミックスのあり方について、考察を加えることにする。具体的に言えば、IMの目的ごとに、有効なIMミックスのあり方を探っていくこととする。

第5節　効果分析

　前章と同様に、IMの目的として、①成果、②職務満足、それに③離職回避が設定されているが、いずれを目的とする場合でも、IMミックスのあり

方は同一でよいのであろうか。目的にかかわらず、唯一最善のミックスの仕方が存在するのだろうか。それとも目的ごとに最適なミックスのあり方が異なるのであろうか。この節では、IM の目的ごとのミックスのあり方について検討をする。そのために、IM ミックスのそれぞれの要因の直接効果と間接効果を算出して、それらを合計した総合効果を明示して、分析を行うこととする。

図表7－5は、直接効果を算出したものである。初めに、百貨店の販売担当者における直接効果を見ることにする。まず、成果を目的とした場合には、役割明確性が最も効果が高く（0.29）、2番目に権限委譲（0.211）、3番目に適応性（0.209）という順位になっている。次に、職務満足を目的とした場合には、権限委譲が最も効果が高く（0.383）、2番目に組織コミットメント（0.332）、3番目に役割葛藤（－0.27）という順位になっている。最後に、離職意図の低減を目的とした場合には、組織コミットメントが最も効果が高く（－0.266）、2番目に役割明確性（－0.204）、3番目に動機付け（－0.175）という順位になっている。

次に、図表7－6は、間接効果を算出したものである。販売担当者への間接効果を見ると、まず、成果を目的とした場合には、権限委譲が最も効果が高く（0.23）、2番目に役割明確性（0.099）、3番目に動機付け（－0.019）

図表7-5　標準化直接効果

	権限委譲	動機付け	役割明確性	適応性	組織コミットメント	役割葛藤
役割明確性	0.572	0	0	0	0	0
適応性	0.26	－0.022	0.294	0	0	0
組織コミットメント	0.408	0.371	0.039	0	0	0
役割葛藤	－0.178	0	0.223	0	0	0
成果	0.211	0.126	0.29	0.209	－0.04	0.173
職務満足	0.383	0.263	－0.154	－0.057	0.332	－0.27
離職意図	0	－0.175	－0.204	0	－0.266	0.124

という順位になっている。次に、職務満足を目的とした場合には、動機付けが最も効果が高く（0.112）、2番目に役割明確性（−0.11）、3番目に適応性（−0.025）という順位になっている。最後に、離職意図の低減を目的とした場合には、権限委譲が最も効果が高く（−0.239）、2番目に動機付け（−0.124）、3番目に役割明確性（0.067）という順位になっている。

　最後に、直接効果と間接効果を合成した百貨店の販売担当者における総合効果を算出したものが**図表7−7**である。まず、成果を目的とした場合には、権限委譲が最も効果が高く（0.441）、2番目に役割明確性（0.389）、3番目に適応性（0.209）という順位になっている。次に、職務満足を目的

図表7-6　標準化間接効果

	権限委譲	動機付け	役割明確性	適応性	組織コミットメント	役割葛藤
役割明確性	0	0	0	0	0	0
適応性	0.168	0	0	0	0	0
組織コミットメント	0.022	0	0	0	0	0
役割葛藤	0.127	0	0	0	0	0
成果	0.23	−0.019	0.099	0	0	0
職務満足	−0.008	0.112	−0.11	−0.025	0.005	−0.021
離職意図	−0.239	−0.124	0.067	0.022	−0.032	0.037

図表7-7　標準化総合効果

	権限委譲	動機付け	役割明確性	適応性	組織コミットメント	役割葛藤
役割明確性	0.572	0	0	0	0	0
適応性	0.427	−0.022	0.294	0	0	0
組織コミットメント	0.431	0.371	0.039	0	0	0
役割葛藤	−0.051	0	0.223	0	0	0
成果	0.441	0.107	0.389	0.209	−0.04	0.173
職務満足	0.375	0.374	−0.264	−0.082	0.336	−0.29
離職意図	−0.239	−0.299	−0.137	0.022	−0.298	0.161

とした場合には、権限委譲が最も効果が高く（0.375）、2番目に動機付け（0.374）、3番目に組織コミットメント（0.336）という順位になっている。最後に、離職意図の低減を目的とした場合には、動機付けが最も効果が高く（-0.299）、2番目に組織コミットメント（-0.298）、3番目に権限委譲（-0.239）という順位になっている。

以上のことから、百貨店の販売担当者を対象とした場合では、成果を目的としたIMミックスは権限委譲を中心とし、職務満足を目的としたIMミックスも権限委譲を中心とし、離職意図の回避を目的としたIMミックスは動機付けを中心とすることが有効であることが判明した。なお、前章の小売業の販売担当者では、成果が目的の場合は役割明確性が中心で、職務満足が目的の場合は組織コミットメントが中心で、離職回避が目的の場合は動機付けが中心であった。このように、A地方百貨店の販売担当者の場合と小売業の販売担当者の場合では、IMミックスの有効な組み合わせはかなり異なっていることがわかる。

第6節　雇用形態による細分化

前章の繰り返しになるが、これまでのIMの研究では、従業員を正規雇用者と非正規雇用者に分けて検討することはほとんどなかったと言える。未開拓の領域なので、探索的ではあるが、IMの百貨店モデルにおける正規雇用者と非正規雇用者の違いに着目して、分析を試みることにする。

第1項　仮説検証

先に利用した販売員データを正規雇用者（n=188）と非正規雇用（n=134）に分けて、共分散構造分析における多母集団の同時分析を行った。分析結果は、**図表7-8**のとおりである。

図表7-8に示されているように、正規雇用者のみが統計的に有意になっ

図表7-8　仮説の検証結果一覧

仮説番号	仮　説		符号	正規雇用		非正規雇用		一対比較
				標準化推定値	有意水準	標準化推定値	有意水準	
H1a	動機付け	→ 適応性	（＋）	－0.146	n.s.	0.099	n.s.	1.09
H1b	動機付け	→ 組織コミットメント	（＋）	0.383	＊＊＊	0.381	＊＊＊	0.298
H1c	動機付け	→ 職務満足	（＋）	0.362	＊＊＊	0.158	n.s.	－0.63
H1d	動機付け	→ 成果	（＋）	0171	n.s.	－0.021	n.s.	－1.1
H1e	動機付け	→ 離職意図	（－）	－0.203	n.s.	－0.235	n.s.	－1.33
H2a	権限委譲	→ 適応性	（＋）	0.195	n.s.	0.261	n.s.	－1.01
H2b	権限委譲	→ 組織コミットメント	（＋）	0.397	＊＊＊	0.372	＊＊＊	－0.88
H2c	権限委譲	→ 役割明確性	（＋）	0.613	＊＊＊	0.433	＊＊＊	－1.32
H2d	権限委譲	→ 職務満足	（＋）	0.369	＊＊＊	0.296	＊＊	－0.3
H2e	権限委譲	→ 成果	（＋）	0.123	n.s.	0.315	＊＊	1.353
H2f	権限委譲	→ 役割葛藤	（－）	－0.379	＊＊	－0.142	n.s.	1.417
H3a	役割明確性	→ 適応性	（＋）	0.284	n.s.	0.316	n.s.	－1.21
H3b	役割明確性	→ 組織コミットメント	（＋）	0.022	n.s.	0.065	n.s.	0.261
H3c	役割明確性	→ 職務満足	（＋）	－0.164	n.s.	－0.161	n.s.	－0.06
H3d	役割明確性	→ 成果	（＋）	0.416	＊＊＊	0.152	n.s.	－1.65
H3e	役割明確性	→ 役割葛藤	（－）	0.394	＊＊	0.086	n.s.	－1.88
H3f	役割明確性	→ 離職意図	（－）	－0.338	＊	－0.065	n.s.	0.729
H4a	役割葛藤	→ 離職意図	（＋）	0.185	n.s.	0.097	n.s.	0.132
H4b	役割葛藤	→ 職務満足	（－）	0.251	＊＊	－0.27	＊＊	－0.28
H4c	役割葛藤	→ 成果	（－）	0.175	＊	0.113	n.s.	－0.47
H5a	適応性	→ 職務満足	（＋）	－0.033	n.s.	－0.053	n.s.	－0
H5b	適応性	→ 成果	（＋）	0.071	n.s.	0.421	n.s.	0.001
H6a	組織コミットメント	→ 職務満足	（＋）	0.253	＊＊	0.471	＊＊＊	2.291
H6b	組織コミットメント	→ 成果	（＋）	－0.02	n.s.	－0.081	n.s.	－0.54
H6c	組織コミットメント	→ 離職意図	（－）	－0.286	n.s.	－0.175	n.s.	－0.55
H7a	成果	→ 職務満足	（＋）	－0.152	n.s.	－0.083	n.s.	0.514
H7b	成果	→ 離職意図	（－）	0.09	n.s.	0.071	n.s.	0.259
H8	職務満足	→ 離職意図	（－）	0.216	n.s.	－0.355	＊	－2.8

＊＊＊＝p＜0.001，＊＊＝p＜0.01，＊＝p＜0.05

た仮説は、H1c、H2f、H3d、H3e、H3f、それにH4cである。他方、非正規雇用者のみが統計的に有意になった仮説は、H2eとH8である。ここで注目したい仮説は、H3eである。この仮説は、役割明確性は役割葛藤にマイナスの影響を与えるというものであるが正規雇用者のみがプラスの影響が統計的に有意となった。つまり、正規雇用者の場合のみで、役割が明確になるほど役割の葛藤が増加するというものであり、非正規雇用者ではその影響は有意とならなかったのである。また、この傾向は、前章の小売業の場合にもあてはまっている。したがって、偶然の可能性が相対的に高いとは言えないであろう。これは次のように解釈できないだろうか。すなわち、非正規雇用者は、マニュアルに沿った職務やルーティン的な職務が多く自律度が低いので、職務上の役割が明確になっても職務上の葛藤が発生する可能性は低い。これに対して、もともと職務上の役割の自律度が大きいが多くの役割を同時に担当しなければならないことが多い正規雇用者は、多くの役割を明確化されればされるほどそれら役割の間で葛藤が発生しやすくなるという見立てである。第4章で検討した営業担当者と第5章で検討した研究開発担当者でもこのプラスの関係が統計的に有意になっている。これらの担当者は職務上の関係で非正規雇用者であることはまれであり、正規雇用者と想定することができる。

第2項　雇用形態別によるIMミックスのあり方

　総合効果分析の結果は、図表7－9のとおりである。

　まず、成果を目的とした場合、正規雇用者では、役割明確性が最も効果が高く（0.505）、2番目に権限委譲（0.372）、3番目に役割葛藤（0.175）という順位になっている。他方、非正規雇用者では、権限委譲が最も効果が高く（0.504）、2番目に適応性（0.421）、3番目に役割明確性（0.290）となっている。

　次に、職務満足を目的とした場合には、正規雇用者では、動機付けが最も効果が高く（0.441）、2番目に役割明確性（－0.344）、3番目に権限委譲

(0.338) という順位になっている。一方、非正規雇用者では、組織コミットメントが最も効果が高く (0.477)、2番目に権限委譲 (0.380)、3番目に動機付け (0.333) という順位になっている。

最後に、離職意図の低減を目的とした場合には、正規雇用者では、役割明確性が最も効果が高く (-0.301)、2番目に権限委譲 (-0.243)、3番目に組織コミットメント (-0.233) という順位になっている。他方、非正規雇用者では、動機付けが最も効果が高く (-0.420)、2番目に組織コミットメント (-0.351)、3番目に権限委譲 (-0.208) という順位になっている。

以上の内容をまとめたものが図表7-10である。なお、比較のために前章の小売業の販売担当者の分析結果も下段に提示している。

正規雇用者がセグメントの場合、成果を目的としたIMミックスは役割明確性を中心とし、職務満足を目的としたIMミックスは動機付けを中心と

図表7-9 雇用形態別標準化総合効果

正規雇用	権限委譲	動機付け	役割明確性	適応性	組織コミットメント	役割葛藤
役割明確性	0.613	0	0	0	0	0
適応性	0.369	-0.146	0.284	0	0	0
組織コミットメント	0.41	0.383	0.022	0	0	0
役割葛藤	-0.138	0	0.394	0	0	0
成果	0.372	0.153	0.505	0.071	-0.02	0.175
職務満足	0.338	0.441	-0.344	-0.044	0.256	-0.278
離職意図	-0.243	-0.203	-0.301	-0.003	-0.233	0.14

非正規雇用	権限委譲	動機付け	役割明確性	適応性	組織コミットメント	役割葛藤
役割明確性	0.433	0	0	0	0	0
適応性	0.397	0.099	0.316	0	0	0
組織コミットメント	0.4	0.381	0.065	0	0	0
役割葛藤	-0.105	0	0.086	0	0	0
成果	0.504	-0.01	0.29	0.421	-0.081	0.113
職務満足	0.38	0.333	-0.194	-0.088	0.477	-0.28
離職意図	-0.208	-0.42	0.021	0.061	-0.351	0.205

図表7-10　目的別の IM ミックスのあり方

百貨店	正規雇用者			非正規雇用者		
順位＼目的	成果	職務満足	離職回避	成果	職務満足	離職回避
1位	役割明確性	動機付け	役割明確性	権限委譲	組織コミットメント	動機付け
2位	権限委譲	役割明確性	権限委譲	適応性	権限委譲	組織コミットメント
3位	役割葛藤	権限委譲	組織コミットメント	役割明確性	動機付け	権限委譲
小売業	正規雇用者			非正規雇用者		
順位＼目的	成果	職務満足	離職回避	成果	職務満足	離職回避
1位	役割明確性	組織コミットメント	動機付け	役割明確性	組織コミットメント	役割葛藤
2位	権限委譲	動機付け	組織コミットメント	権限委譲	動機付け	動機付け
3位	適応性	権限委譲	権限委譲	適応性	役割葛藤	役割明確性

し、離職意図の低減を目的とした IM ミックスは役割明確性を中心とすることが有効であることが判明した。また、非正規雇用者がセグメントの場合、成果を目的とした IM ミックスは権限委譲を中心とし、職務満足を目的とした IM ミックスは組織コミットメントを中心とし、離職意図の低減を目的とした IM ミックスは動機付けを中心とすることが有効であることが判明した。

　上記の百貨店の販売担当者の分析結果と前章の小売業のそれを比較してみると、多くの違いが見てとれる。1位だけを比較しても同一だったのは、2つだけであった。1つは正規雇用者での成果を目的とした場合の役割明確性であり、もう1つは非正規雇用者での職務満足を目的とした場合の組織コミットメントであった。

　以上のことから、雇用形態による細分化は、一定の有効性を持っていると言えるであろう。

第7節　性別による細分化

第1項　仮説検証

　営業担当者のデータで行ったのと同様に、性別による細分化を行った。
　先に利用した販売員データを男性（n=74）と女性（n=248）に分けて、共分散構造分析における多母集団の同時分析を行った。分析結果は、**図表7－11**のとおりである。
　一対比較の欄で、絶対値が1.96を超えているのは、H1b、H2a、それにH3bの3つである。したがって、その3つに関しては、0.05の有意水準で、それらの推定値には統計的に差があると言える。つまり、男女で統計的に有意な差があると言える。まず、男性のみで支持された仮説は、権限委譲は適応性にプラスの影響を与える（H2a）と役割明確性は組織コミットメントにプラスの影響を与える（H3b）であった。なお、これらの仮説は、前章の小売業の場合には、いずれも男女ともに有意となっている。
　他方、女性のみで支持された仮説は、動機付けは組織コミットメントにプラスの影響を与える（H1b）であった。なお、この仮説は、前章の小売業の場合にも、いずれも男女ともに有意となっている。
　したがって、A地方百貨店にのみあてはまるもので一般化はできないと言えるであろう。

第2項　性別によるIMミックスのあり方

　総合効果分析の結果は、**図表7－12**のとおりである。
　まず、成果を目的とした場合、男性では、権限委譲が最も効果が高く（0.408）、2番目に役割葛藤（0.280）、3番目に動機付け（0.245）という順位になっている。他方、女性では、役割明確性が最も効果が高く（0.442）、2番目に権限委譲（0.438）、3番目に適応性（0.164）となっている。

図表7-11　仮説検定一覧表

仮説番号	仮　　説			符号	男性		女性		一対比較
					標準化推定値	確率	標準化推定値	確率	
H1a	動機付け	→	適応性	(＋)	−0.289	n.s.	0.009	n.s.	1.587
H1b	動機付け	→	組織コミットメント	(＋)	0.176	n.s.	0.432	＊＊＊	2.371
H1c	動機付け	→	職務満足	(＋)	0.365	n.s.	0.238	＊＊	0.852
H1d	動機付け	→	成果	(＋)	0.259	n.s.	0.072	n.s.	−0.755
H1e	動機付け	→	離職意図	(−)	−0.116	n.s.	−0.186	n.s.	−0.747
H2a	権限委譲	→	適応性	(＋)	0.588	＊	0.115	n.s.	−1.993
H2b	権限委譲	→	組織コミットメント	(＋)	0.338	＊	0.392	＊＊＊	0.266
H2c	権限委譲	→	役割明確性	(＋)	0.519	＊＊＊	0.6	＊＊＊	1.642
H2d	権限委譲	→	職務満足	(＋)	0.354	n.s.	0.317	＊＊＊	0.923
H2e	権限委譲	→	成果	(＋)	0.33	n.s.	0.2	＊	−0.455
H2f	権限委譲	→	役割葛藤	(−)	−0.003	n.s.	−0.192	＊	−0.929
H3a	役割明確性	→	適応性	(＋)	−0.019	n.s.	0.45	n.s.	0.255
H3b	役割明確性	→	組織コミットメント	(＋)	0.294	＊	−0.031	n.s.	−2.097
H3c	役割明確性	→	職務満足	(＋)	−0.363	n.s.	−0.073	n.s.	1.072
H3d	役割明確性	→	成果	(＋)	−0.044	n.s.	0.339	＊＊＊	1.949
H3e	役割明確性	→	役割葛藤	(−)	−0.081	n.s.	0.217	＊	1.238
H3f	役割明確性	→	離職意図	(−)	0.025	n.s.	−0.239	＊＊	−1.311
H4a	役割葛藤	→	離職意図	(＋)	−0.121	n.s.	0.198	＊	1.918
H4b	役割葛藤	→	職務満足	(−)	−0.386	n.s.	−0.239	＊＊＊	−0.487
H4c	役割葛藤	→	成果	(−)	0.28	＊	0.129	＊	−0.719
H5a	適応性	→	職務満足	(＋)	−0.049	n.s.	−0.058	n.s.	−0.317
H5b	適応性	→	成果	(＋)	0.111	n.s.	0.164	n.s.	0.337
H6a	組織コミットメント	→	職務満足	(＋)	0.433	n.s.	0.36	＊＊＊	1.019
H6b	組織コミットメント	→	成果	(＋)	0.1	n.s.	−0.056	n.s.	−0.922
H6c	組織コミットメント	→	離職意図	(−)	−0.533	＊	−0.208	＊	1.087
H7a	成果	→	職務満足	(＋)	−0.318	n.s.	−0.093	n.s.	0.695
H7b	成果	→	離職意図	(−)	−0.09	n.s.	0.091	n.s.	1.032
H8	職務満足	→	離職意図	(−)	0.041	n.s.	−0.099	n.s.	−0.422

＊＊＊ = p <0.001, ＊＊ = p <0.01, ＊ = p <0.05

図表7-12　性別標準化総合効果

男性	権限委譲	動機付け	役割明確性	適応性	組織コミットメント	役割葛藤
役割明確性	0.519	0	0	0	0	0
適応性	0.578	−0.289	−0.019	0	0	0
組織コミットメント	0.491	0.176	0.294	0	0	0
役割葛藤	−0.045	0	−0.081	0	0	0
成果	0.408	0.245	−0.039	0.111	0.1	0.28
職務満足	0.238	0.378	−0.191	−0.085	0.402	−0.475
離職意図	−0.27	−0.216	−0.127	−0.013	−0.525	−0.166
女性	権限委譲	動機付け	役割明確性	適応性	組織コミットメント	役割葛藤
役割明確性	0.6	0	0	0	0	0
適応性	0.385	0.009	0.45	0	0	0
組織コミットメント	0.374	0.432	−0.031	0	0	0
役割葛藤	−0.062	0	0.217	0	0	0
成果	0.438	0.05	0.442	0.164	−0.056	0.129
職務満足	0.36	0.389	−0.203	−0.073	0.365	−0.251
離職意図	−0.229	−0.31	−0.129	0.022	−0.249	0.235

　次に、職務満足を目的とした場合には、男性では、役割葛藤が最も効果が高く（−0.475）、2番目に組織コミットメント（0.402）、3番目に動機付け（0.378）という順位になっている。一方、女性では、動機付けが最も効果が高く（0.389）、2番目に組織コミットメント（0.365）、3番目に権限委譲（0.360）という順位になっている。

　最後に、離職意図の低減を目的とした場合には、男性では、組織コミットメントが最も効果が高く（−0.525）、2番目に権限委譲（−0.270）、3番目に動機付け（−0.216）という順位になっている。他方、女性では、動機付けが最も効果が高く（−0.310）、2番目に組織コミットメント（−0.249）、3番目に役割葛藤（0.235）という順位になっている。

　以上の内容をまとめたものが、図表7−13である。なお、比較のために前章の小売業の販売担当者の分析結果も下段に提示している。

図表7-13　目的別の IM ミックスのあり方

百貨店	男 性			女 性		
順位＼目的	成果	職務満足	離職回避	成果	職務満足	離職回避
1位	権限委譲	役割葛藤	組織コミットメント	役割明確性	動機付け	動機付け
2位	役割葛藤	組織コミットメント	権限委譲	権限委譲	組織コミットメント	組織コミットメント
3位	動機付け	動機付け	動機付け	適応性	権限委譲	役割葛藤
小売業	男 性			女 性		
順位＼目的	成果	職務満足	離職回避	成果	職務満足	離職回避
1位	権限委譲	組織コミットメント	組織コミットメント	役割明確性	組織コミットメント	動機付け
2位	役割明確性	動機付け	動機付け	適応性	動機付け	役割明確性
3位	適応性	権限委譲	役割葛藤	権限委譲	役割葛藤	役割葛藤

　男性がセグメントの場合、成果を目的とした IM ミックスは権限委譲を中心とし、職務満足を目的とした IM ミックスは役割葛藤を中心とし、離職意図の低減を目的とした IM ミックスは組織コミットメントを中心とすることが有効であることが判明した。また、女性がセグメントの場合、成果を目的とした IM ミックスは役割明確性を中心とし、職務満足を目的とした IM ミックスは動機付けを中心とし、離職意図の低減を目的とした IM ミックスも動機付けを中心とすることが有効であることが判明した。

　上記の百貨店の販売担当者の分析結果と前章の小売業のそれを比較してみると、いくつか類似している点が見てとれる。1位だけを比較した場合でも同一であるものが、6つの内で4つある。また、残りの2つも1位でなくとも2位にはなっている。

　以上のことから、性別による細分化は、一定の有効性を有していると言えるであろう。

第8節　結語

　百貨店は、販売方法として販売担当者によってフル・サービスが提供されることが特徴である。そのフル・サービスは販売担当者と顧客が対面で相互作用を行うハイ・コンタクトなサービスである。したがって、販売担当者の接客ならびに販売活動は、百貨店にとって非常に重要な役割を担っていると言える。この章では、この販売担当者に向けてのIMについて分析を行った。

　まず、A地方百貨店の販売担当者と前章の小売業の販売担当者を比較したところ、次の3点が明らかとなった。第1に、IMの小売モデルは、A地方百貨店に対しても一定の有効性を有していたことである。第2に、仮説検証の結果として、A地方百貨店の分析結果と前章の小売業の分析結果ではいくつかの点で異なっていた。具体的に言えば、A地方百貨店のみで採択された仮説が7つあり、逆に小売業のみで採択された仮説も7つあった。第3に、A地方百貨店のIMミックスの有効な組み合わせは、小売業のそれとは異なっていたことである。これは百貨店という特定の営業形態の店舗でのIMは、小売業全体とは異なる可能性があることを示唆している。

　次に、細分化を行った上での分析から次の4点が指摘された。第1に、雇用形態別では、正規雇用者のみが統計的に有意になった仮説が6つあり、逆に非正規雇用者のみが有意になった仮説は2つであった。特に、役割明確性は役割葛藤にプラスの影響を与えるということは、A地方百貨店の正規雇用者だけでなく前章の小売業の正規雇用者の分析結果からも観察されており、示唆に富む傾向と言えよう。第2に、A地方百貨店の正規雇用者向けのIMミックスの有効な組み合わせは、小売業の正規雇用者向けのそれとは異なっていた。同様に、A地方百貨店の非正規雇用者向けのIMミックスの有効な組み合わせは、小売業の非正規雇用者向けのそれとは異なっていた。第3に、一対比較から、性別で統計的に有意な差がある仮説が3つあった。第4に、A地方百貨店の男性向けのIMミックスの有効な組み合わせは、小

売業の男性向けのそれと類似していた。同様に、A地方百貨店の女性向けのIMミックスの有効な組み合わせは、小売業の女性向けのそれと類似していた。

　以上の分析結果から、小売業のIMモデルは、特定の百貨店のIMについての状況を調べ、意思決定をする際の指針を提供してくれるものと言えるであろう。

　この章で取り上げたA地方百貨店は、繰り返しになるが、百貨店を代表するものではない。あくまでも1つの事例研究に過ぎない。とはいえ、フル・サービスを提供することが主要な職務である百貨店の販売担当者に向けてのIMの有効性が事例研究を通して確認された意義は大きいと考えられる。同様な事例研究を行うことにより、現場からのデータに基づいたIMの検討が必要であろう。事例研究は、百貨店ばかりでなくフル・サービスを提供する専門店においても行い、百貨店と類似点や相違点を探るべきであろう。さらには、セルフ・サービスを提供するスーパーマーケット、コンビニエンス・ストア、あるいはディスカウント・ストアなどに関しても調査が必要と言えよう。

第8章

本研究のまとめと IMの2階層交換モデル

第1節　本研究のまとめ

第1項　IMの先行研究のまとめ

　IMはサービス・マーケティング研究から生まれた。特に、サービスの生産と消費の同時性ならびにサービスの異質性によって、企業（経営者）はサービス提供者に向けてのIMが必要となったと考えられる。サービス・マーケティング・トライアングルにおいて、IMは3つのマーケティングの

図表8-1　逆転したサービス・マーケティング・トライアングル

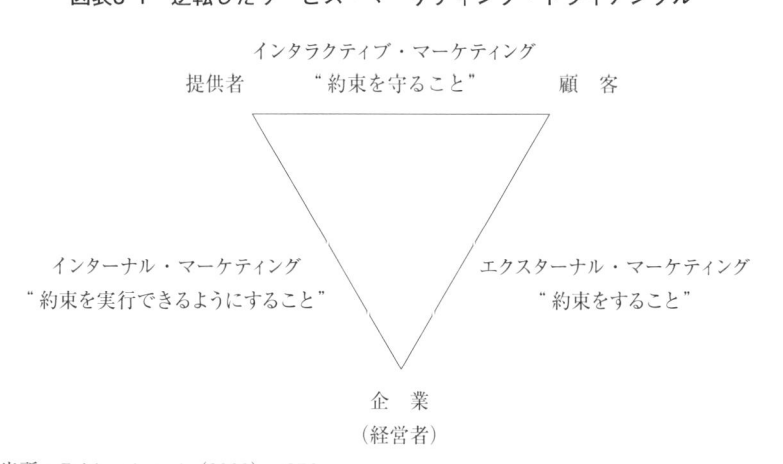

```
                  インタラクティブ・マーケティング
        提供者        "約束を守ること"         顧　客


   インターナル・マーケティング         エクスターナル・マーケティング
  "約束を実行できるようにすること"            "約束をすること"


                            企　業
                          （経営者）
```

出所：Zeithaml et al.（2009）p.376.

1つとして位置づけられている（**図表8-1参照**）。このトライアングルは、サービス・マーケティングのテキスト（たとえば、Grönroos 2007；Zeithaml, et.al 2009）ばかりでなく、マーケティングのテキスト（たとえば、Kotler and Keller 2012）においても引用されている。これはマーケティング論における基本的な枠組み[1]の1つになった証左と言えよう。

　サービス・マーケティング研究で生まれたIMは、その適用範囲を拡張させ、行列的IM、戦略的IM、内部関係性管理などのカテゴリーに分類されるようになってきた（Voima 2000）。しかしながら、Gounaris（2008a）が指摘するように、IMの多くの研究が規範的研究であり、実証研究は少ないというのが現状である。したがって、現在はIMの実証研究の推進が求められている。

　IMについての実証研究を進めていく上では、まず第1にIMの目的を設定することが不可欠であろう。なぜならば、IMの目的が明示されなければ、それを達成するための有効な手段を探索することはできないからである。

　Berry et al.（1976）の定義には、従業員のニーズを満たすことが目的として掲げられているが、これは職務満足と言い換えることができるであろう。本研究で検討を加えた既存のIMモデルや実証研究において、IMの目的として職務満足が設定されることが多かった。特に、IMの実証研究ではそうであった。しかしながら、Voima（2000）の分類図式における行列的IM、戦略的IM、そして内部関係性管理においては、IMの目的は異なっていた。たとえば、コミットメントの増大（Edvardsson et al. 1994）、組織変革（Rafiq and Ahmed 1993）、組織目標の達成（木村 2007）、組織的知識の創造と普及（Ballantyne 1997）、文化の改革（Varey 1995）などがIMの目的として提唱されていた。これらのIMの目的を達成するためのIMの実証

---

[1] ただし、Grönroos（2007）とKotler and Keller（2012）では、逆転した形にはなっていない。

研究はかなり困難だと予測された。これらの適用範囲が拡張された領域では、規範的研究は行われているが、実証研究が進んでいない点はその困難さが主要な原因の1つであると考えられた。

本研究でも、まず職務満足の向上をIMの目的として実証研究を進めていくことにした。その上で、そのほかのIMの目的も考慮に入れることとした。たとえば、Gounaris（2008b）が今後の研究課題としてモデルに組み込むことを提唱した、無断欠勤傾向の減少、離職率の減少、あるいは企業コミットメントの増進、などは有望なIMの目的の候補であった。

次に、設定されたIMの目的を達成するための有効な手段の選定作業に入った。これまでに検討を加えた諸研究から、動機付け、権限委譲（自由裁量）、役割などが有力な候補になると思われた。

第2項　本研究におけるIMの基本モデル

本研究では、IMの定義として、次のものを採用した。

IMとは、標的従業員に対して、動機付け、権限委譲、役割明確性などの手段を有効に行使して、標的従業員の職務満足と成果を向上させることおよび離職を避けることを目的とするマーケティング活動である（高橋 2010, p107）。

本研究のIMの定義の特徴は、職務満足の向上だけではなく、成果の向上や離職回避も目的として設定されること、操作可能なマーケティング・ミックス要素を明示する形で定義されていること、それに市場細分化の考え方に立脚していることであった。また、その定義で採用されている重要な構成概念についても考察を加えた。それらは、動機付け、権限移譲、役割明確性、役割葛藤、適応性などであった。それらの概念は、これまでに発表された多くの有用な実証研究の成果を生み出す際に、使用されてきたものであった。それらの先行研究を参考にしつつ、本研究における仮説群を設定し、IMの基本モデル（**図表8－2参照**）を構築した。

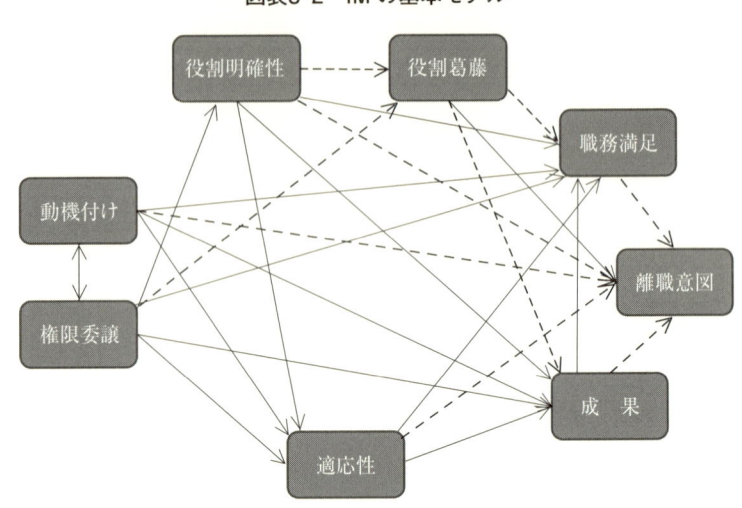

図表8-2　IM の基本モデル

出所：高橋（2010），p.113に加筆・修正
なお、実線はプラスの影響、破線はマイナスの影響を表している。

　本研究で採用されている IM の基本モデルは、研究目的に応じて重要な構成概念を追加することができるという点で、操作性が高いと思われた。接客担当者などの外部市場と組織の境界的な位置で職務を遂行する従業員ばかりでなく、組織内部で職務を行う従業員に対しても適用できるという利点を有していることが判明した。

　さらに、IM における市場細分化の意義について考察を加えた。すなわち、従業員志向を実践するための市場細分化という観点から IM における市場細分化の意義を検討した結果、標的従業員という概念は、従業員自身にとっても企業にとっても有益な概念であることが明らかになった。

第3項　接客・営業・研究開発・小売・百貨店へのIMの基本モデルの適用

まず、図表8－3に示されている調査対象に対して、IMモデルの適合性を分析したところ、図表8－4のような結果を得た。図表8－4から明らかなように、高い適合度とは言えないが許容できる範囲の適合度を示した。したがって、IMモデルは一定の有用性を有していると判明した。

次に、仮説の検証を行った。詳細は、各章に記述されているが、すべての対象で有意になった仮説は、

図表8-3　実施した調査の対象と方法

		接客担当者	営業担当者	研究開発担当者	小売業の販売担当者	百貨店の販売担当者
性別	男性	37.8%	88.8%	92.2%	54.80%	23%
	女性	62.2%	11.2%	7.8%	45.20%	77%
婚姻	未婚	56.0%	36.8%	38.6%	51.80%	
	既婚	44.0%	63.2%	61.4%	48.20%	
年齢	平均値	36.12	40.78	41.15	46.92	
	標準偏差	9.63	8.72	8.22	9.62	
年代	20代以下	30.0%	8.0%	8.4%	7.20%	
	30代	36.8%	41.0%	37.0%	31.50%	
	40代	24.0%	33.6%	37.2%	36.20%	
	50代	7.2%	15.2%	15.2%	21.40%	
	60代以上	2.0%	2.2%	2.2%	3.60%	
地域	北海道・東北	11.4%	7.8%	2.4%	10.80%	
	関東	38.2%	47.0%	46.2%	38.40%	
	北陸・甲信越	5.4%	5.2%	4.4%	5.20%	
	東海	9.6%	10.4%	17.2%	13.20%	
	近畿	21.6%	17.6%	21.4%	17.80%	
	中国	4.2%	3.6%	3.6%	5.60%	
	四国	1.8%	2.6%	1.6%	2.20%	
	九州・沖縄	7.8%	5.8%	3.2%	6.80%	
実施		2003年3月	2009年4月	2010年9月	2012年9月	2012年11月
サンプル・サイズ		500	500	500	500	322
データ収集方法		ネット調査	ネット調査	ネット調査	ネット調査	郵送法

図表8-4 モデルの適合度

	カイ2乗	自由度	有意確率	GFI	AGFI	RMSEA	NFI	RMR	CFI
接客	3482.44	1451	0.000	0.791	0.770	0.053	0.778	0.179	0.856
営業	3285.01	1439	0.000	0.808	0.787	0.051	0.813	0.163	0.885
研究開発	2606.2	959	0.000	0.805	0.781	0.059	0.827	0.152	0.883
小売	4180.55	1612	0.000	0.768	0.745	0.057	0.784	0.161	0.855
百貨店	2849.72	1610	0.000	0.770	0.747	0.049	0.741	0.165	0.867

① 権限委譲は役割明確性にプラスの影響を与える
② 権限委譲は職務満足にプラスの影響を与える
③ 役割明確性は成果にプラスの影響を与える
④ 役割葛藤は職務満足にマイナスの影響を与える

の4つであった[2]。

第4項　市場細分化によるセグメント別の分析結果

　これまでに、IM 研究において市場細分化の実証研究はほとんどなく、今回は営業担当者と小売の販売担当者に対して、探索的な検討を加えた。

　第1に、営業担当者については、まず、営業担当者を取扱商品から消費者用商品の担当者（n=218）と産業用商品の担当者（n=276）に分けて仮説検証を行ったところ、統計的に有意な差がある結果は見られなかった。したがって、基本的には、両者には差があるとは言えなかった。また、取扱商品別の総合効果の分析を行ったところ、有効な IM のミックスの仕方も類似していることが判明した。

　次に、営業担当者を一般社員（n=185）と管理者（n=315）に分けて仮説検証を行ったところ、両者に有意な差が見られたのは次の2点であった。1つは、一般社員の場合は動機付けが離職意図にマイナスの影響を与えるが、管理者の場合は有意な影響は見られないということであった。そして、もう

---

[2] なお、適応性と組織コミットメントは、採用されていないモデルもあるので、対象外となっている。

1つは、管理者の場合は役割葛藤が職務満足にマイナスの影響を与えるが、一般社員の場合は有意な影響は見られないということであった。さらに、役職別の総合効果の分析を行ったところ、一般社員をセグメントとした場合と管理者をセグメントとした場合では、IMの有効なミックスの仕方が異なるということが確認された。したがって、役職別の細分化は有効なものであることが明らかとなった。

第2に、小売の販売担当者に関しては、セグメント別のIMのあり方について、以下のことが判明した。

まず、雇用形態別の仮説検証の結果をまとめると、次の点で正規雇用と非正規雇用が異なっていることが明らかになった。まず、正規雇用者だけが①権限委譲されると役割葛藤が低下する、②役割明確性が増加すると役割葛藤も増加する、それに③成果が向上すると職務満足が増加する、ということである。他方、④非正規雇用者のほうが正規雇用者よりも動機付けが組織コミットメントに与えるプラスの影響が強い、および⑤非正規雇用者だけが役割葛藤が増加すると職務満足が低下する、ということである。

次に、婚姻状態別の仮説検証の結果をまとめると、次の点で未婚者と既婚者が異なっていることが明らかになった。まず、未婚者だけが①動機付けは離職意図にマイナスの影響を与える、②役割明確性は組織コミットメントにプラスの影響を与える、それに③役割明確性は役割葛藤にプラスの影響を与える、ということである。他方、既婚者のみが④権限委譲は適応性にプラスの影響を与える、および⑤職務満足は離職意図にマイナスの影響を与える、ということである。

そして、性別の仮説検証の結果をまとめると、次の点で男性と女性が異なっていることが明らかになった。まず、男性だけが①権限委譲は成果にプラスの影響を与える、②権限委譲は役割葛藤にマイナスの影響を与える、それに③役割明確性は役割葛藤にプラスの影響を与える、ということである。他方、女性のみが④動機付けは組織コミットメントにプラスの影響を与え

る、⑤動機付けは離職意図にマイナスの影響を与える、それに⑥権限委譲は組織コミットメントにプラスの影響を与える、ということである。

最後に、年代別の仮説検証の結果をまとめると、次の点で壮年層（40歳未満）と中年層（50歳以上）が異なっていることが明らかになった。まず、壮年層だけが①動機付けは離職意図にマイナスの影響を与える、②権限委譲は適応性にプラスの影響を与える、③役割明確性は役割葛藤にプラスの影響を与える、それに、④職務満足は離職意図にマイナスの影響を与える。他方、中年層のみが⑤役割明確性は組織コミットメントにプラスの影響を与え

図表8-5　小売業の販売担当者に関するセグメント別のIMミックスのあり方

順位\目的	正規雇用			非正規雇用		
	成果	職務満足	離職回避	成果	職務満足	離職回避
1位	役割明確性	組織コミットメント	動機付け	役割明確性	組織コミットメント	役割葛藤
2位	権限委譲	動機付け	組織コミットメント	権限委譲	動機付け	動機付け
3位	適応性	権限委譲	権限委譲	適応性	役割葛藤	役割明確性

順位\目的	未婚			既婚		
	成果	職務満足	離職回避	成果	職務満足	離職回避
1位	役割明確性	組織コミットメント	動機付け	役割明確性	組織コミットメント	役割明確性
2位	権限委譲	動機付け	役割葛藤	権限委譲	動機付け	役割葛藤
3位	適応性	権限委譲	組織コミットメント	適応性	権限委譲	権限委譲

順位\目的	男性			女性		
	成果	職務満足	離職回避	成果	職務満足	離職回避
1位	権限委譲	組織コミットメント	組織コミットメント	役割明確性	組織コミットメント	動機付け
2位	役割明確性	動機付け	動機付け	適応性	動機付け	役割明確性
3位	適応性	権限委譲	役割葛藤	権限委譲	役割葛藤	役割葛藤

順位\目的	40歳未満			50歳以上		
	成果	職務満足	離職回避	成果	職務満足	離職回避
1位	役割明確性	組織コミットメント	動機付け	権限委譲	権限委譲	組織コミットメント
2位	権限委譲	動機付け	組織コミットメント	役割明確性	組織コミットメント	役割葛藤
3位	適応性	権限委譲	権限委譲	適応性	動機付け	役割明確性

る、それに⑥役割葛藤は離職意図にプラスの影響を与える、ということである。

　図表8－5は、小売の販売担当者に関するセグメント別のIMミックスのあり方をまとめたものである。

　小売業のIMミックスについては、全体としては、成果を目的とした有効なIMミックスは役割明確性を中心とし、職務満足を目的としたIMミックスは組織コミットメントを中心とし、離職意図の低減を目的としたIMミックスは動機付けが中心となる。しかしながら、セグメントによっては、異なる場合もある。たとえば、成果を目的とした場合においては、男性および中年層（50歳以上）では役割明確性ではなく権限委譲が1位となっている。また、職務満足を目的とした場合においては、中年層（50歳以上）では組織コミットメントではなく権限委譲が1位となっている。そして、離職回避を目的とした場合においては、非正規雇用では役割葛藤、既婚では役割明確性、男性と中年層（50歳以上）では組織コミットメントがそれぞれ1位となっている。このように、全体としては、有効なIMミックスのあり方が存在する一方で、セグメントによって有効なIMミックスのあり方が異なる場合もあることが明らかとなった。

第2節　IMの2階層交換モデル

第1項　IMの考え方に対する2つの批判

　従業員を顧客として扱うという考え方は、IMの最初の定義（Berry et al. 1976）から主張されたIMの根幹となる理念である。このIMの考え方について、Rafiq and Ahmed（1993）は、次のような批判を展開している。第1に、従業員は"製品（たとえば仕事の新しいやり方）"を"買う"ことが強要されており、顧客には自らは買いたくない製品を選ばない自由があるが、従業員はこのような通常のマーケティングの状況にはない、という批判

である。第2に、もし、従業員があたかも顧客のように行動したならば、当該組織とその資源に求められる需要を満たすことができないであろう、という批判である。

第2の批判は、従業員志向が顧客志向よりも上位にくれば、組織は正常に機能しないというものである。しかしながら、米国のサウスウエスト社[3]のように従業員第1主義を実践し、成功を収めている企業も存在するので、必ずしも顧客第1主義でなければならないとは言い切れないであろう。また、日本においても、しまむら[4]やブックオフ[5]では、従業員第1主義が標榜され、実際にキャリア・パスによってパート社員が取締役になり、一定の成功を収めている。これらの証左により、従業員志向が顧客志向よりも上にくれば、組織は正常に機能しないとは断定できないであろう。

この第2の批判と比較すると、第1の批判は的を射た批判と言える。確かに、従業員は職務という製品を買っているという見立ては、現実とは乖離しているように思われる。従業員が強制的に仕事という製品を買わされているというとらえ方でも、かなり無理がある解釈と言わざるを得ない。やはり、従業員は賃金を得るために労働を企業に売っていると見るべきではないだろうか。

以上のように、従業員を顧客として扱うという考え方に対する第2の批判は、反証例があり成立するとは言い難い。他方、従業員が職務を買っているという想定の妥当性は低く、第1の批判は該当すると言えよう。それでは、企業はIMとして従業員に何を提供し、何を獲得しているのであろうか。換言すれば、企業と従業員はどのような交換を行っているのかについて次項で検討を加えることにしよう。

---

3 伊集院（1998）
4 石倉（2003）
5 藤川（2007）

第２項　IMの２階層交換モデル

　従業員は労働を企業に販売して、その対価として賃金を得るという交換を行っている。つまり、従業員が有する価値物は労働であり、企業が提供する価値物は賃金ということになる。すなわち、従業員は企業と経済的な交換を行っているのである。労働者は、職業選択の自由を有している。労働の条件が合わなければ、就職しない自由を有しているし、条件がより良い職場があれば、転職する自由も持っている。

　この労働者との経済的な交換を遂行するのは、主に企業の人事部門であろう。確かに、従業員の募集に際して、マーケティング、特に広告の手法を用いることはあるが、人事部門の本質的な役割は、マーケティングではない。それは、人事管理や人的資源管理と言われるものである。もちろん、人事管理などでは交換という視点で分析されることは稀であったかもしれないが、従業員は労働を企業に売り、その対価として賃金を得るという交換は、IMが出現する以前から存在していたのである。つまり、この経済的な交換は企業と従業員の間で行われる基礎的および本質的な交換である。これはサービス業だけでなく、すべての企業と従業員（正規や非正規にかかわらず）の間で行われる必須の交換である。ここでは、第１階層の交換と名付けることにする。

　この第１階層の交換が成立している状況下で、第２階層の交換が発生する可能性が存在することになる。この第２階層の交換こそが、IMの本質であると指摘したい。第２階層の交換では、企業は従業員に対して職務満足を提供し、従業員は顧客満足（生産性の向上・サービス品質の向上）を企業へもたらすという交換を行っているととらえることができる。これは副次的な交換であり、認知的な次元での交換と言える。本研究のIMモデルは、この認知的次元の交換を扱ったモデルと位置づけることができる。

　この認知的な次元の交換が重視された理由の１つは、企業の取扱商品がサービスだったからであろう。サービスの特性からこの認知的次元での交換

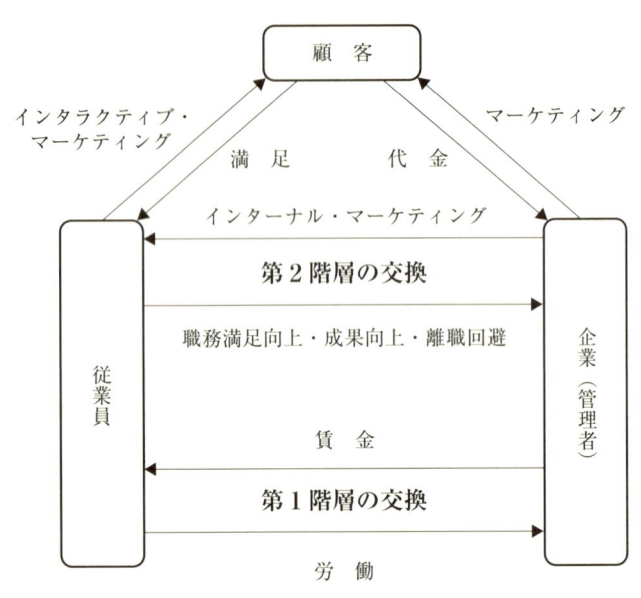

図表8-6　IMの2階層交換モデル

```
                          顧　客
            インタラクティブ・          マーケティング
            マーケティング
                  満　足      代　金
                  インターナル・マーケティング
    ┌─────┐     第2階層の交換              ┌─────┐
    │     │  職務満足向上・成果向上・離職回避  │ 企業  │
    │ 従業員│                               │（管理 │
    │     │          賃　金               │ 者）  │
    │     │     第1階層の交換              │     │
    └─────┘          労　働                └─────┘
```

を必要とした。その特性とは、サービスの無形性、生産と消費の同時性、品質の異質性である。

　他方、有形財の場合は、そのような特性がないので、認知的次元での交換は必ずしも必要でなかった。その証左として、消費財のマーケティング研究において、IMは生成されなかった。つまり、工場ならびに流通において品質の均一性が管理され、生産と消費が時間的にも空間的にも分離されて消費される有形財においては、顧客の消費財に対する満足に影響を与える要因として、境界連絡者（たとえば販売員）は相対的に小さな要因であった。

　これに対して、サービスの場合は、生産と消費が同時に起こり、品質の均一性が確保できないので、顧客のサービスに対する満足に影響を与える要因として、接客従業員は大きな役割を演じているのである。したがって、労働と給与という本質的な交換に加えて、従業員満足と顧客満足という副次的な交換が必要になり、IMの考え方が生成したと解釈することができよう。そ

して、副次的な交換として生まれたものが、その重要性からあたかも本質的な交換として位置づけられようとしているのが IM と言えるかもしれない[6]。

この IM の2階層交換モデルを用いて交換現象を整理すると、Rafiq and Ahmed（1993）の第1の批判の狙いが明確になるであろう。つまり、多くの IM 研究者が第1階層の交換と第2階層の交換を錯綜させてとらえてしまったために、従業員は企業から職務という製品を買っていると位置づけてしまったと想定できないだろうか。そのような想定を第1の批判として展開したと言えるであろう。したがって、IM の2階層交換モデルは、企業と従業員の間で行われている交換を分析するための1つの有用な枠組みと言えるかもしれない。

このように、第1階層の交換が成立している状況で、顧客からより高いレベルの満足を引き出すために、従業員に向かって IM を行うのである。この場合、IM を行う主体は、人事部門ではなくマーケティング部門や営業部門などの当該従業員が職務を遂行する現場の管理者である。

かつて、George（1977）は、サービス業において人的資源管理は IM にとって代わられるべきであると主張したが、これは妥当性を欠いたものと言わざるを得ない。なぜならば、IM と人的資源管理はそれぞれ異なった次元の交換を行っているからである。顧客満足を向上させ、組織の成果を高めるためには、それらは相互補完的に機能すべきであると主張したい。

これまでの IM 研究では、企業と従業員の間の交換は1つという前提で議論が行われてきたと考えられる。この IM の2階層交換モデルを用いて研究を進めることにより、IM と人的資源管理の関係についてもより明確になることが期待される。そのためには、IM のさらなる研究が必要であることは言うまでもない。

---

[6] ただし、すべてのサービス企業が第2階層の交換を行うわけではない。買手市場の場合、サービス企業は第1階層の交換に集中するであろう。なぜならば、相対的に低い賃金で有能な人材を確保できるからである。

引用文献

Ahmed, P. and M. Rafiq (2002), *Internal Marketing : Tools and concepts for customer-focused management*, Butterworth-Heinemann.

Allen, N.J. and J. P. Meyer (1990), "The measurement and antecedents of affective, continuance and normative commitment to the organization," *Journal of Occupational Psychology*, Vol.63, pp.1-18.

Anderson, E. and R. L. Oliver (1987), "Perspectives on Behavior-Base Versus Outcome-Based Salesforce Control Systems," *Journal of Marketing*, 51 (October), pp. 76-88.

Babin, J.B. and J.S.Boles (1998), "Employee Behavior in a Service Environment : A Model and Test of Potential Differences Between Men and Women," *Journal of Marketing*, 62, (April), pp.77-91.

Bagozzi, R.P. (1980), "Performance and Satisfaction in an Industrial Sales Force : An Examination of their Antecedents and Simultaneity," *Journal of Marketing*, 48, (Fall), pp.65-77.

Ballantyne, D. (1997), "Internal Networks for Internal Marketing," *Journal of Marketing Management*, Vol.13, pp.343-366.

Bandura, A. (1977), *Social Learning Theory*, Prentice-Hall.

Barry, B. J. and Boles J. S. (1998), "Employee Behavior in a Service Environment : A Model and Test of Potential Differences between Men and Women," *Journal of Marketing*, Vol. 62, No. 2, Apr., pp.77-91.

Bartels, R. (1976), *The History of Marketing Thought*, Grid Publishing Inc. 山中豊国訳『マーケティング理論の発展』ミネルヴァ書房.

Bateman, T. and S. Strasser (1984), "A longitudinal analysis of the antecedents of organizational commitment," *Academy of Management Journal*, Vol.27, pp.95-112.

Bateson, J. (1977), "Do We Need Service Marketing ?", in P.Eigler et al. (eds), *Marketing Consumer Services* : New Insight, MSI, pp.1-30.

Behrman, D.N. and W.P. Perreault, Jr (1984), "A Role Stress Model of the Performance and Satisfaction of Industrial Salespersons," *Journal of Marketing*, 48 (Fall), pp.9-21.

Berman, B. and J. R. Evans (1998), *Retail Management : A Strategic Approach 7th*, Prentice-Hall.

Berry, L.L. (1981), "The Employee as Customer," *Journal of Retail Banking*, Vol.3 (1), pp.33-40.

Berry, L.L. and A. Parasuraman (1991), *Marketing Services : Competing Through Quality*, Free Press.

Berry, L.L., J.S. Hensel, and M.C. Burke (1976), "Improving Retailer Capability for Effective Consumerism Response," *Journal of Retailing*, 52 (3), pp.3-14.

Bettencourt, L.B.,S.W. Brown, and S.B. MacKenzie (2005), "Customer-Oriented Boundary-Spanning Behaviors : Test of a Social Exchange Model of Antecedents," *Journal of Retailing*, Vol.81,pp.141-157.

Boshoff, C. and Allen, J. (2000), "The influence of selected antecedents on frontline staff's perceptions of service recovery performance", *International Journal of Service Industry Management*, Vol.11 No.1, pp.63-90.

Bowen, D. E. and E. E. Lawler (1992), "The Empowerment of Service Workers : What, Why, How, and When," *Sloan Management Review*, 33 (Spring), pp.31-39.

Brown, S.P. and R.A. Peterson (1993), "Antecedents and Consequences of Salesperson Job Satisfaction : Meta-Analysis and Assessment of Causal Effects," *Journal of Marketing Research*, 30 (Feb), pp.63-77.

Busch, P. and R.F .Bush (1978), "Women Contrasted to Men in the Industrial Salesforce : Job Satisfaction, Values, Role Clarity, Performance, and Propensity to Leave," *Journal of Marketing Research*, (August), pp.438-448.

Campbell, J.P. and R.D. Pritchard (1976), "Motivation Theory in Industrial and Organizational Psychology," in *Handbook of Industrial and Organizational Psychology*, Marvin Dunnette, ed. Chicago : Rand-McNally, pp.63-130.

Caruana, A. and P. Calleya, (1998), "The effect of internal marketing on organizational commitment among retail bank managers", *International Journal of Bank Marketing*, Vol.16 Iss : 3, pp.108-116.

Churchill, G.A., N. M. Ford, S.W. Hartley, and O.C. Walker (1985), "The Determinants of Salesperson Performance : A Meta-Analysis," *Journal of Marketing* Research, 22 (May), pp.103-118.

Churchill, G.A., N. M. Ford, S.W. Hartley, and O.C. Walker (1993), *Sales Force Management*, 4th ed., IRWIN.

Churchill, G.A., N.M.Ford, S.W. Hartley, and O.C. Walker (1985), "The Determinants of Salesperson Performance: A Meta-Analysis," *Journal of Marketing Research*, 22 (May), pp.103-118.

Clark, K. B. and T. Fujimoto (1991), *Product Development Performance: Strategy, Organization, and Management in the World Auto Industry*, Harvard Business School. 田村明比古訳『製品開発力：日米欧自動車メーカー20社の詳細調査』ダイヤモンド社。

Collins, B. and A. Payne (1991), "Internal Marketing: A New Perspective for HRM," *European Management Journal*, Vol.9 (3), pp.261-270.

Copeland, M. T. (1923), "Relation of Consumers Buying Habits to Marketing Methods", Harvard Business Review (April), pp. 282-289.

Crawford, C. M., (1987), *New Products Management 2nd ed.*, Irwin.

Donnelly, J.H. Jr. and J.M. Ivancevish (1975), " Role Clarity and the Salesman," *Journal of Marketing*, 39 (January), pp.71-74.

Edvardsson, B, B. Thomasson, and J. Øvretveit (1994), *Quality of Service: Making It Really Work*, McGraw-Hill.

Flipo, J.P. (1986), "Service Firms: Interdependence of External and Internal Marketing Strategies," *Journal of European Marketing*, Vol.20 (8), pp.5-14.

Forman, S.K. and A. H. Money (1995), "Internal Marketing: Concepts, Measurement and Application, *Journal of Marketing Management*, Vol.11, No.8, pp.755-768.

George, W. R. and C. Gronroos (1991), "Developing Customer-Conscious Employees at Every Level: Internal Marketing" in Congram, C.A., eds, *The AMA Handbook of Marketing for the Service Industrial*, AMA, pp.85-100.

George, W.R. (1977), "The Retailing of Service: A Challenging Future," *Journal of Retailing*, pp.85-98.

George, W.R. (1990), "Internal Marketing and Organizational Behavior: A Partnership in Developing Customer-Conscious Employees at Every Level," *Journal of Business Research*, Vol.20, pp.63-70.

Gounaris, S. P. (2006), "Internal-Market Orientation and its Measurement," *Journal of Business Research*, Vol.59, pp. 432-448.

Gounaris, S. P. (2008a), "The Notion of Internal Market Orientation and Employee Job Satisfaction: Some Preliminary Evidence, *Journal of Services Marketing*, Vol.22, No.1, pp.68-90.

Gounaris, S. P. (2008b), "Antecedents of Internal Marketing Practice : Some Preliminary Empirical Evidence, *International Journal of Service Industrial Management*, Vol.19, No.3, pp.400-434.

Grönroos, C. (1980), "Designing a Long Range Marketing for Services," *Long Range Planning*, Vol.13, April, pp.36-42.

Grönroos, C. (1981)," Internal Marketing-An Integral Part of Marketing Theory," in Donelly,J. H. and W. R. George,eds., *Marketing of Services*, AMA, pp.236-238.

Grönroos, C. (1982), "An Applied Service Marketing Theory," *European Journal of Marketing*, Vol.16, No.7, pp.30-41.

Grönroos, C. (1984), *Strategic Management and Marketing in the Service Sector*, Studentlitteratur.

Grönroos, C. (1990), *Service Management and Marketing : Managing the Moments of Truth in Service Competition*, Lexington.

Grönroos, C. (2007), *Service Management and Marketing : Customer Management in Service Competition 3rd ed.*, Wiley.

Gummesson, E. (1987), "Using Internal Marketing to Create a New Culture : The Case of Ericsson Quality," *Journal of Business and Industrial Marketing*, Vol.2, No.3, pp.23-28.

Gupta, A., S. P. Raj and D. Wilemon (1985a), "The R&D-Marketing Interface in High-Technology Firms," *Journal of Product Innovation Management*, Vol.2, No.1, pp.12-24.

Gupta, A., S. P. Raj and D. Wilemon (1985b), "The R&D-Marketing Dialogue in High-Tech Firms," *Industrial Marketing Management*, Vol.14, pp.289-300.

Gupta, A., S. P. Raj and D. Wilemon (1986), "A Model for Studying R&D-Marketing Interface in the Product Innovation Process," *Journal of Marketing*, Vol.50 (April), pp.7-17.

Hackman, J.R. and Oldham, G.R. (1976), "Motivation through the design of work : test of a theory", *Organisational Behavior and Human Performance*, Vol.16, pp.250-79.

Harter, J.K., F.L. Schmidt, and T.L. Hayes (2002), "Business-Unit-Level Relationship Between Employee Satisfaction, Employee Engagement, and Business Outcomes : A Meta-Analysis," *Journal of Applied Psychology*, 87, (2), pp.268-279.

Hartline, M.D. and O.C. Ferrell (1996), "The Management of Customer-Contact Service Employees : An Empirical Investigation," *Journal of Marketing*, 64, (April), pp.35-50.

Heskett, J.L., T.O. Jones, G.W. Loveman, W.E. Sasser, and L.A. Schlesinger (1994), "Putting the Service-Profit Chain to Work," *Harvard Business Review*, 72 (March-April), pp.164-170.

Jackson, S. and R. Schuler (1985), "A Meta-Analysis and Conceptual Critique of Research on Role Ambiguity and Role Conflict in Work Settings," *Organizational Behavior and Human Decision Processes*, 36, pp. 16-78.

Johnston, A. ,A. Parasuraman, C. M. Futrell, and W. C. Black (1990), "A Longitudinal Assessment of the Impact of Selected Organizational Influences on Salespeople's Organizational Commitment During Eary Employment," *Journal of Marketing Research*, 27 (August), pp.333-344.

Kamakura, W.A., V. Mittal, F. Rosa, and J.A. Mazzon (2002), "Assessing the Service-Profit Chain," *Marketing Science*, 21 (3), pp.294-317.

Kotler, P. and K.L. Keller (2012), *Marketing Management 14th ed., Pearson*.

Lings, I. (1999), "Balancing Internal and External Market Orientation," *Journal of Marketing Management*, Vol.15, No.4, pp.239-263.

Lings, I. (2004), "Internal Market Orientation Construct and Consequences," *Journal of Business Research*, Vol.57, pp.405-413.

Lings, I. and G. E. Greenly (2005), "Measuring Internal Market Orientation," *Journal of Service Research*, Vol.7, No.3., pp.290-305.

Lings, I. and R. Brooks (1998) "Implementing and Measuring the Effectiveness of Internal Marketing," *Journal of Marketing Management*, Vol.14, pp.325-351.

Loveman, G.W. (1998), "Employee Satisfaction, Customer Loyalty, and Financial Performance," *Journal of Service Research*, 1 (1), pp.18-31.

Mackenzie, S. B., P. M. Podsakoff, and M. Ahearne (1998), "Some Possible Antecedents and Consequences of In-Role and Extra-Role Salesperson Performance," *Journal of Marketing*, Vol.62, No.3Jul, pp.87-98.

Meyer and Allen (1991)Meyer, J.P. and Allen, N.J. (1991), "A three-component conceptualization of organizational commitment", *Human Resource Management Review*, Vol. 11 No. 1, pp. 61-89.

Mohr-Jackson, I. (1991)"Broadening the Market Orientation : An Added Focus on Internal Customers," *Human Resource Management*,Vol.30, No.4, pp.455-

467.
Money, A. and S. Forman (1996), "The measurement of internal marketing : a confirmatory case study," *Journal of Marketing Management*, Vol.11, No.8, Nov, pp.755-766.

Mudie,P. (2000), Internal Marketing : A step too far, in R. Varey and B. Lewis, (eds)., *Internal Marketing : Directions for Management*, Routlege, pp.254-280.

Mukherjee A. and N. Maohotra (2006), "Does role clarity explain employee-perceived service quality? : A study of antecedents and consequences in call centers" *International Journal of Service Industry Management*, 17, (5), pp.444-473.

Naudè, P., J. Desai, and J. Murphy (2003), "Identifying the determinants of Internal Marketing Orientation," *European Journal of Marketing*, Vol.37, No.9, pp.1205-1220.

Netemeyer, R. G., M. W. Johnston, and S. Burton (1990), "Analysis of Role Conflict and Ambiguity in a Structural Equations Framework," *Journal of Applied Psychology*, 75, 2, pp.148-157.

Payne, A. (1993), *The Essence of Services Marketing*, Prentice-Hall.

Pearson, C.A.L. (1992), "Autonomous workgroups : an evaluation at an industrial site", *Human Relations*, Vol.45 No.9, pp.905-14.

Piercy, N. (1995), "Customer Satisfaction and the Internal Marketing : Marketing our Customers to our Employees," *Journal of Marketing Practice*, Vol.1, No.1, pp.22-44.

Piercy, N. and N. Morgan (1991) "Internal Marketing : The Missing Half of the Marketing Programme," Long Range Planning, Vol.24, No.2, pp.82-93.

Porter, L. W. ,W.J. Crampon, and F. J. Smith (1976), "Organizational Commitment and Managerial Turnover : A Longitudinal Study," *Organizational Behavior and Human Performance*, 15, pp.87-98.

Rafiq, M. and P. Ahmed (1993), "The Scope of Internal Marketing : Defining the Boundary Between Marketing and Human Resource Management," *Journal of Marketing Management*, Vol.9, No.3, pp.219-232.

Rafiq, M. and P. Ahmed (2000), A Meta-model of Internal Marketing, "in R. Varey and B. Lewis, (eds.), *Internal Marketing : Directions for Management*, Routlege, pp.223-237.

Rizzo, J.R., R.J. House, and S.I. Lirtzman (1970), "ole Conflict and Ambiguity in

Complex Organizations," *Administrative Science Quarterly*, 15 (June), pp.150-163.

Rogers,J. D., K. E. Clow and T. J. Kash (1994), "Increasing Job Satisfaction of Service Personnel," *The Journal of Services Marketing*, 8, 1, pp14-26.

Romzek, B. S. (1985), "Work and Non-work Psychological Involvement," *Administration and Society*, 3, pp.257-281.

Sasser, W.E. and S. P. Arbeit (1976), "Selling Jobs in the Service Sector", *Business Horizon*, July, pp.61-66.

Schneider, B. (1991)," Service Quality and Profits : Can You Have Your Cake and Eat It Too?" *Human Resource Planning*, 14 (29, pp.151-157.

Schul, P. L., and B. M. Wren (1992), "The Emerging Role of Women in Industrial Selling : Adecade of Change," *Journal of Marketing*, 56 (July), pp.38-54.

Scott, S.G. and R.A. Bruce (1994), "Determinants of Innovative Behavior : A Path Model of Individual Innovation in the Workplace," *Academy of Management Journal*, 37 (June), pp.580-607.

Sheth, J. N., D. M. Gardner, and D. E. Garrett, *Marketing Theory : Evolution and Evaluation*, John Wiley & Sons. 流通科学研究会訳『マーケティング理論への挑戦』東洋経済新報社.

Singh,J. (1993), "Boundary Role Ambiguity : Facets, Determinants, and Impacts," *Journal of Marketing*, 57, (April), pp.11-31.

Smith, W. R. (1956), "Product Differention and Market Segmentation As Alternative Marketing Strategies," *Journal of Marketing*, Vol.21, No.1,pp.3-8.

Solomon, M.R., C. Surprenant, J.A. Czepiel, and E.G. Gutman (1985), "A Role Theory Perspective on Dyadic Interactions : The Service Encounter," *Journal of Marketing*, 49 (Winter), pp.99-111.

Spiro, R. L. and B. A. Weitz (1990), "Adaptive Selling : Conceptualization, Measurement, and Nomological Validity," *Journal of Marketing Research*, (February)pp.61-69.

Steiner, I. (1972), *Group Processes and Productivity*, Academic Press.

Tansuhaj,P., J. Wong and J. McCullough (1987), "Internal and External Marketing : Effect on Customer Satisfaction in Banks in Thailand," *International Journal of Banking Marketing*, Vol.5, No.3, pp.73-83.

Teas, R.K., Wacker, J.G. and Hughes, R.E. (1979), "A path analysis of causes and consequences of salesmen's perceptions of role clarity", *Journal of Marketing*

Research, Vol.16 No.3, pp.335-69.

Trumbly, J.E. and D.R. Arnold (1989), "Internal Marketing of a Management Information System," *Journal of System Management*, Vol.40, No.6, pp.26-30.

Urban, G. L., J. R. Hauser, and N. Dholakia (1987), *Essentials of New Product Management*, Prentice-Hall. 林廣茂・中島望・小川孔輔・山中正彦訳『プロダクト・マネジメント：新製品開発のための戦略的マーケティング』プレジデント社.

Varey, R.J. (1995), "Internal Marketing：A Review and Some Interdisciplinary Research Challenges," *International Journal of Service Industry Management*, Vo.6, No.1, pp.40-63.

Voima, P. and C. Grönroos (1999), "Internal Marketing：A Relationship Perspective,", in M. J. Baker, (ed.), *The IEBM Encyclopedia of Marketing*, International Business Press, pp.741-751.

Voima, P. (2000), "Internal Relationship Management：Broadening the Scope of Internal Marketing," in R. Varey and B. Lewis, (eds.), *Internal Marketing：Directions for Management*, Routlege, pp.238-253..

Wieseke, J., M. Ahearne, S.K. Lam, and R. Dick (2009), "The Role of Leaders in Internal Marketing," *Journal of Marketing*, 73 (March), pp.123-145.

Wind, Y. J. (1982), *Product Policy：Concepts, Methods, and Strategy*, Addison-Wesley.

Zeitaml, V. A., M.J.Bitner ,and D.D.Gremler (2009), *Service Marketing* 5th ed., McGraw-Hill.

朝倉熙彦・鈴木督久・小島隆矢（2005)『入門共分散構造分析の実際』講談社サイエンティフィク．

飯嶋好彦（2001)『サービス・マネジメント研究』文眞堂．

石倉洋子（2003)「しまむら：ローコストオペレーションの確立と新業態の開発」『一ツ橋ビジネスレビュー』秋号．

伊集院憲弘（1998)『社員第一、顧客第二主義：サウスウエスト航空の奇跡』毎日新聞社．

井上哲浩編（2007)『Webマーケティングの科学—リサーチとネットワーク』千倉書房．

上田泰（2003)『組織行動研究の展開』白桃書房．

小川孔輔（2009)『マーケティング入門』日本経済新聞出版社．

木村達也（2007）『インターナル・マーケティング─内部組織へのマーケティング・アプローチ─』中央経済社.
厚生労働省（2011）『平成22年度就業形態の多様化に関する総合実態調査』.
小森哲郎・名和高司（2001）『高業績メーカーは「サービス」を売る：製造業のサービス事業戦略』ダイヤモンド社.
今野浩一郎・佐藤博樹（2009）『人事管理入門』日本経済新聞出版社.
高嶋克義（1998）『生産財の取引戦略』千倉書房.
高嶋克義・南知恵子（2006）『生産財マーケティング』有斐閣.
高橋昭夫（1994）「サービス・マーケティングにおけるインターナル・マーケティング・コンセプトについて─製品としての職務と消費者としての従業員という考え方─」『明大商学論叢』第76巻, 第2号, pp.185-208.
高橋昭夫（1996）「インターナル・マーケティングの目標としての職務満足と生活満足の関係に関する実証的研究─工場交替勤務者を中心として─」『明治大学社会科学研究所紀要』第35巻, 第1号, pp.21-64.
高橋昭夫（2010）「サービス・マネジメントにおけるインターナル・マーケティングに関する実証的研究─接客従業員を対象として─」近藤隆雄ほか『文部科学省　産学連携による実践型人材育成事業─サービス・イノベーション人材育成─　平成21年度事業成果報告～サービス・イノベーションの真髄を把握し、活用する人材育成プロジェクト～』pp.106-119.
田部井明美（2001）『SPSS 完全活用法 共分散構造分析（Amos)によるアンケート処理』東京図書.
田村正紀（1999）『機動営業力』日本経済新聞社.
徳永豊（1995), 久保村隆祐・荒川祐吉監修『最新商業辞典』同文舘.
豊田秀樹（2003）『共分散構造分析［疑問編］─構造方程式モデリング─』朝倉書店.
野中郁次郎・加護野忠男・小松陽一・奥村昭博・坂下昭宣（1978）『組織現象の理論と測定』千倉書房.
野中郁次郎（1979）「生産財マーケティング」村田昭治編『現代のマーケティング』誠文堂新光社.
藤川佳則（2007）「ブックオフコーポレーション：中古ビジネスにおけるサービスイノベーション」『一ツ橋ビジネスレビュー』春号.
松尾睦（2002）『内部競争のマネジメント：営業組織のイノベーション』白桃書房.
山本嘉一郎・小野寺孝義編著（1999）『Amos による共分散構造分析と解析事例』ナカニシヤ出版.
余田拓郎（2000）『カスタマー・リレーションの戦略論理』白桃書房.

索　引

【A ～ Z】

IMO　21, 22
IMの2階層交換モデル　177, 178
IMの基本モデル　39, 62, 104
IMの小売モデル　99, 100
IMの定義　1, 30
IMミックス　6
TQM　8

【あ 行】

アップワード・バイアス　37
意思決定への参加　102
インタラクティブ・マーケティング　2, 4
インタラクティブ・マーケティング機能　3
インテグレーター　85
営業　63
エクスターナル・マーケティング　4

【か 行】

課業自律性　102
加算型タスク　86
監督者考慮　103
機動営業　10
求道現象　96
境界的位置　59
境界連絡行動　7
境界連絡者　7
共分散構造分析　50
行列的IM　8
クラン型の文化原型　21
契約社員　113
結合型タスク　86
権限委譲　32
行動基準統制システム　25
購買動機　72
顧客志向　5, 8, 14, 18, 176

コントローラー　85

【さ 行】

サーバクション・モデル　45, 46
サービス・エンカウンター　32, 46
サービス・クオリティ　109
サービス・プロダクト　46
サービス・プロフィット・チェーン　47
サービス・マーケティング・トライアングル　4
サービス・マーケティング・ミックス　44
最前線のサービス従業員　7
裁量型タスク　86
産業財　17, 72
産業財のマーケティング　72
産業用商品　73
自己効力感　23
市場型の文化原型　21
市場細分化　39
失敗サイクル　46
社員区分制度　76
従業員志向　5, 30, 40, 42, 100, 170, 176
消費財　72
消費者用商品　73
商品別アプローチ　72
嘱託社員　113
職務満足　38
人的資源管理　14, 47, 177, 179
スキル・レベル　31, 62
成果　37
正規雇用　114
正規雇用者　118
成功サイクル　47
製造業のマーケティング・ミックス　43
製品差別化　39
セルフ・レポート尺度　37
戦略的IM　9

組織コミットメント ……… 99, 101, 103

【た 行】

第1階層の交換 …………………… 177
第2階層の交換 …………………… 177
大量集中型営業 …………………… 10
チーム支援 ………………………… 103
チャンピオン ……………………… 85
適応性 ………………………… 23, 36
適応的販売 ………………………… 36
適合度指標 ………………………… 51
適性 ………………………………… 62
伝統的マーケティング機能 ……… 2
動機付け …………………………… 31

【な 行】

内部関係性管理 …………………… 11
内部顧客 ……………………… 6, 8, 40
内部市場 …………………… 1, 7, 9, 143
内部市場インテリジェンス …… 21, 22
内部市場志向 ……………………… 21

【は 行】

パートタイム労働者 …………… 113
ハイ・コンタクトのサービス …… 147
派遣労働者 ……………………… 113

販売員 …………………………… 59, 60
販売担当者統制システム ………… 25
非正規雇用 ……………………… 114
非正規雇用者 ……………… 113, 120
百貨店 …………………………… 146
フィードバック ………………… 102
吹きこぼれ現象 ………………… 95
プロダクト・マネジャー ………… 84
プロテクター …………………… 85
分離型タスク …………………… 86
補正型タスク …………………… 86

【ま 行】

マス・マーケティング …………… 39

【や 行】

役割曖昧性 ……………………… 34
役割葛藤 ………………………… 35
役割不正確性 …………………… 62
役割明確性 ……………………… 33

【ら 行】

離職意図 ………………………… 38
臨時的雇用者 …………………… 113
ロー・コンタクトのサービス …… 147

◎著者紹介

高橋　昭夫（たかはし　あきお）
　1959年　東京都生まれ
　1990年　明治大学大学院商学研究科博士後期課程単位取得退学
　　　　　明治大学商学部専任助手、専任講師、助教授を経て
　2001年　明治大学商学部ならびに大学院商学研究科教授　現在に至る
　　　　　博士（商学）
　専攻分野　商品学　マーケティング論
　主な著書　『現代商品知覚論』（同友館）
　　　　　　『QOLとマーケティング』編著（同友館）
　　　　　　『経営学再入門』分担執筆（同友館）
　　　　　　『QOLリサーチ・ハンドブック』共訳（同友館）
　　　　　　『中小企業のための戦略計画』共訳（同友館）

2014年5月20日　第1刷発行
2025年9月20日　第7刷発行

インターナル・マーケティングの理論と展開
　――人的資源管理との接点を求めて

　　　　　　　　　　　　　　©著　者　　高　橋　昭　夫
　　　　　　　　　　　　　　　発行者　　脇　坂　康　弘

発行所　株式会社同友館
〒113-0033　東京都文京区本郷2-29-1
TEL. 03(3813)3966
FAX. 03(3818)2774
https://www.doyukan.co.jp/

落丁・乱丁はお取り替えいたします。　　　　　　三美印刷／東京美術紙工
ISBN 978-4-496-05060-2　　　　　　　　　　　　Printed in Japan

本書の内容を無断で複写・複製（コピー）、引用することは、特定の場合を除き、著作権者・出版者の権利侵害となります。また、代行業者等の第三者に依頼してスキャンやデジタル化することは、いかなる場合も認められておりません。